I0826117

L'UNIVERS.

HISTOIRE ET DESCRIPTION

DE TOUS LES PEUPLES.

DICTIONNAIRE ENCYCLOPÉDIQUE

DE

LA FRANCE.

PLANCHES.

DEUXIÈME PARTIE.

PARIS.
TYPOGRAPHIE DE FIRMIN DIDOT FRÈRES,
RUE JACOB, N° 56.

FRANCE.

PLANCHES

DU DICTIONNAIRE ENCYCLOPÉDIQUE

REPRÉSENTANT

LES ÉDIFICES LES PLUS REMARQUABLES DE TOUTES LES ÉPOQUES

ET UN CHOIX DE MONUMENTS RELATIFS

AUX MOEURS ET COUTUMES DES FRANÇAIS,

D'APRÈS

LES DOCUMENTS LES PLUS AUTHENTIQUES,

RÉUNIS ET GRAVÉS

PAR M. LEMAITRE.

DEUXIÈME PARTIE.

MONUMENTS DU MOYEN AGE.

(ONZIÈME, DOUZIÈME, TREIZIÈME ET QUATORZIÈME SIÈCLES.)

PARIS,

FIRMIN DIDOT FRÈRES, ÉDITEURS,

IMPRIMEURS-LIBRAIRES DE L'INSTITUT DE FRANCE,

RUE JACOB, N° 56.

M DCCC XLV.

EXPLICATION

ET

CLASSEMENT DES PLANCHES

QUI ACCOMPAGNENT

LE DICTIONNAIRE ENCYCLOPÉDIQUE DE L'HISTOIRE DE FRANCE.

DEUXIÈME PARTIE.

MONUMENTS DU MOYEN AGE

(ONZIÈME, DOUZIÈME, TREIZIÈME ET QUATORZIÈME SIÈCLES).

ONZIÈME SIÈCLE.

ICONOGRAPHIE.

204. (200) Sceaux, n° 1, de Robert (ROTBERTVS FRANCORV REX) ; n° 2, de Henri Ier (HENRIC. DI. GRA. FRANCORV. REX), d'après le *Trésor de numismatique et de glyptique*.

NUMISMATIQUE.

205. (199) Monnaies du onzième siècle.

1° ROT. BER. TVS, en légende ; REX, dans le champ.

℟. — ∴. PARISIVS CIVITAS, entre grènetis ; croix dans le champ.

Denier de ROBERT II, frappé à *Paris*. Voyez t. XII, p. 101.

2° + HENRICVS, en légende, entre grènetis; REX dans le champ.

℟. — + SENONIS CIVITAS, entre grènetis ; croix dans le champ.

Denier de HENRI Ier, frappé à *Sens*. Voy. t. IX, p. 368.

3° + PILIPPUS REX, entre grènetis; dans le champ divers objets dont l'ensemble est probablement une dégénérescence du monogramme d'Eudes.

℟. — + LANDONIS CASTI, entre grènetis ; dans le champ une croix cantonnée de deux croisettes au 1er et au 3e.

Denier de PHILIPPE Ier, frappé à *Château-Landon*. Voyez t. XI, pag. 526, et t. V, pag. 35.

4° GALTERIVS PESV ; main bénissante dans le champ.

℟. — MELDIS CIVITA, autour d'une croix.

Denier de GAUTIER, évêque de *Meaux*. Voyez t. X, p. 825.

5° ODO COMES; tête couronnée et de face.

℟. — REMIS CIVITA, autour d'une croix.

Denier frappé à *Reims* au nom de EUDES, comte de Champagne. Voyez t. XI, p. 883.

MONUMENTS RELIGIEUX.

206. (207) Eglise Saint-Sernin, ou Saint-Saturnin, à Toulouse, d'après le baron Taylor, *Languedoc*, pl. 12.

Cette église, construite à la fin du onzième siècle avec les libéralités de Raymond de Saint-Gilles (voy. TOULOUSE [comte de], t. XII, p. 698), a la forme d'une croix allongée, et est remarquable en ce que, bâtie avant l'introduction de l'architecture gothique en France, et au moment de la décadence de l'architecture romane, elle est néanmoins construite d'après les principes de celle-ci; le plein cintre y est employé partout, jusque dans les moindres détails. La coupole, dont la voûte est ornée de peintures d'un assez bon style, est formée par quatre piliers qui supportent le clocher. Le chœur est entouré d'un grand nombre de chapelles circulaires. Sous le maître-autel, qui est très-élevé, se trouve une crypte dans laquelle on descend par deux escaliers.

207. (224) Façade de l'église de l'abbaye de

Tournus (Saône-et-Loire), d'après le baron Taylor, *Franche-Comté*, pl. 12.

Cette abbaye, fondée au septième siècle, sous l'invocation de *saint Valérien*, à l'endroit où ce saint avait été martyrisé, en 177, prit, en 875, le nom de *St-Philibert*. Elle était entourée d'une enceinte de murs et de fossés garnis de tours et de ponts-levis, comme une forteresse. L'église abbatiale est tout ce qui reste de ce monastère; c'est aujourd'hui l'église paroissiale de la ville. Le cardinal de Fleury (voyez ce mot, t. VIII, p. 143 et suiv.) fut un des derniers abbés de Tournus.

Cette ville, l'un des chefs-lieux de canton du département de Saône-et-Loire, compte aujourd'hui 5,311 habitants. C'est la patrie du peintre Greuze.

208. (225) Eglise de Serrabone (Pyrénées-Orientales), d'après le baron Taylor, *Languedoc*, pl. 169.

209. (226) Portail de l'église de Nantua (Ain), d'après le baron Taylor, *Franche-Comté*, pl. 41.

210. (227) Sculptures et détails de cette église.

L'église de Nantua, qui contenait autrefois le tombeau de l'empereur Charles le Chauve (voy. le nom de ce prince, t. IV, p. 538, et l'art. NANTUA, t. X, p. 103), est d'un beau style lombard, et offre les caractères de l'architecture grecque byzantine dans toute leur naïveté. Les sculptures du portail représentent des scènes de l'Apocalypse, type commun à presque tous les édifices élevés sous l'influence de l'école byzantine.

211. (611-228 A) Eglise de Planès (Pyrénées-Orientales).

212. (208) Abside de Notre-Dame du Port, à Clermont, d'après le comte de Laborde et le baron Taylor, *Auvergne*.

213. (209) Face latérale de cette église.

214. (210) Pignon de la croix.

215. (211) Intérieur.

216. (212) Crypte.

L'église de Notre-Dame du Port, bâtie, vers l'an 580, par saint Avit, évêque de Clermont, fut pillée et brûlée par les Normands, en 824. L'évêque Sigon la rebâtit en 853. C'est le plus ancien et peut-être le plus remarquable des édifices de Clermont. Les ornements et les bas-reliefs de la porte méridionale sont extrêmement curieux; l'extérieur est décoré en divers endroits de mosaïques composées de pierres noires et blanches du plus beau style byzantin (voy. pl. 210). Au-dessous du chœur est une crypte (pl. 212), au centre de laquelle se trouve un puits dont l'eau passait autrefois pour guérir certaines maladies. Au-dessus de l'autel de cette chapelle souterraine, on voit une statue de la Vierge en bois noirci par le temps, et qui est un objet de grande dévotion pour les habitants.

217. (213) Grand escalier de Notre-Dame du Puy, d'après le baron Taylor, *Auvergne*.

218. (214) Notre-Dame du Puy, d'après le même et le comte de Laborde, pl. 138.

219. (215) Cloître de cette église, d'après le baron Taylor, *Auvergne*, pl. 160.

La cathédrale du Puy, située dans la partie la plus haute de la ville, est un édifice intéressant par la hardiesse et la bizarrerie de sa construction, et par l'effet pittoresque de sa façade. Sa principale avenue est surtout remarquable; c'est d'abord une suite de plans inclinés et de paliers qu'il faut franchir pour arriver au côté méridional de l'église. Là s'ouvre une belle voûte de soixante-cinq mètres environ de hauteur sous clef, qui recouvre un escalier de 118 marches, conduisant à la porte principale, laquelle est ornée de deux belles colonnes de porphyre rouge.

La façade tient également du gothique et du roman, et offre quatre ordonnances de colonnes, avec des portiques dont les arcs sont à plein cintre. L'église a trois nefs basses et lourdes; celle du milieu est partagée en deux chœurs, dont l'un est placé sur la voûte même qui recouvre le grand escalier. Le clocher est isolé et carré jusqu'aux deux tiers de sa hauteur; il se termine en pyramide.

220. (216) Vue latérale de l'église d'Issoire (Puy-de-Dôme), d'après le baron Taylor, *Auvergne*, pl. 137.

221. (217) Abside du même édifice.

222. (218) Eglise de Royat, d'après le baron Taylor, *Auvergne*, pl. 77.

Cette église dépendait d'un monastère de filles, fondé au septième siècle par saint Projet, évêque de Clermont, et l'on présume qu'on en a commencé la construction à la même époque.

223. (219) Portail de la chapelle de Saint-Michel, au Puy, d'après le baron Taylor, *Auvergne*, pl. 166.

Au milieu du faubourg d'Aiguilhe s'élève un rocher pyramidal de 91 mètres de hauteur et de 165 m. de circonférence, sur lequel se trouve la chapelle de Saint-Michel, construite, suivant la tradition, au commencement du onzième siècle.

Cette chapelle, à laquelle on monte par un escalier de 218 marches, est d'une construction fort irrégulière, et elle pourrait bien avoir été un temple du Soleil ou d'Osiris avant qu'on la consacrât au culte chrétien. Elle est composée de parties dissemblables, construites les unes après les autres, mais toutes très-anciennes et chargées de figures bizarres. Il y avait au fond trois autels ou sanctuaires, dont l'un, celui de droite, paraît avoir été fermé et n'avoir été éclairé que par une ouverture circulaire qui recevait les rayons du soleil levant. Tous les chapiteaux des colonnes sont différents. Au-dessus de la porte principale est un bas-relief aussi ancien que l'édifice, représentant une face humaine, ronde, au-dessus de laquelle est un aigle les ailes déployées; de chaque côté se trouve une figure de femme ; celle de droite se termine en queue de poisson; celle de gauche, en queue de serpent.

224. (206) Cathédrale de Trèves, d'après le comte de Laborde, pl. 131.

225. (223) Bas-côtés de l'église Saint-Germain des Prés, à Paris, d'après un dessin de M. Gaucherel.

Cette église, fondée, en 543, par Childebert et Clotaire, fut d'abord dédiée à saint Vincent; les fils de Clovis l'avaient construite pour y déposer la tunique de ce saint, qu'ils avaient rapportée d'Espagne l'année précédente. (Voy. SARAGOSSE [siéges de], t. XII, p. 313). Ces deux princes et Frédégonde, épouse du second, y furent inhumés. Elle fut ruinée au neuvième siècle par les Normands, et l'abbé Morard en commença la reconstruction en 1014; mais elle ne fut achevée qu'en 1163. Elle fut alors dédiée à saint Germain des Prés (V. GERMAIN [saint], t. VIII, p. 755). Cet édifice, l'un des plus anciens et des plus remarquables de Paris, a de longueur 96 m. 80 c.; de largeur, sans y comprendre les chapelles qui l'entourent, 22 m. 73 c. La nef est séparée des bas-côtés par cinq piliers à droite, et autant à gauche, supportant des arcades à plein cintre. Ces piliers, dont les chapiteaux sont fort remarquables, sont composés d'un massif où sont engagées quatre colonnes de différentes grosseurs. Le chœur est entouré de colonnes isolées qui supportent, sur les côtés, des arcades en plein cintre, et au fond, des arches en ogive. Les fenêtres du chœur et du rond-point sont en ogive. L'édifice avait trois tours pyramidales, une à l'entrée, la seule qui subsiste, et deux du côté oriental.

L'abbaye de Saint-Germain des Prés était le chef-lieu de la congrégation de Saint-Maur. Les bâtiments de ce monastère furent convertis en maison de détention en 1791, et c'est là que se passèrent les scènes les plus terribles des journées de septembre. (Voy. ce mot au DICTIONNAIRE, t. XII, p. 447.)

226. (220) Abbaye de Saint-Etienne de Caen, fondée par Guillaume le Conquérant.

L'église, commencée en 1061, fut terminée vers 1077; mais les flèches et les tourelles à arcades en ogive ne datent que du quatorzième siècle.

Les bâtiments de cette abbaye, dite *l'Abbaye aux hommes*, se trouvant hors des remparts de la ville, le roi Jean autorisa, en 1354, les moines à les mettre en état de défense et à les faire entourer de fortifications; ce qui n'empêcha pas les protestants de s'en emparer et de les saccager, en 1562. Ces bâtiments furent reconstruits de 1704 à 1726, et ils forment maintenant un des édifices les plus remarquables de la ville. Ils sont occupés par le collége royal. Voy. CAEN, t. III, p. 536.

227. (221) Saint-Georges de Boscherville, d'après le baron Taylor, *Normandie*, pl. 109.

228. (222) Abside de Saint-Georges de Boscherville.

L'abbaye de Saint-Georges de Boscherville fut fondée, vers 1060, par Raoul de Tancarville, chambellan de Guillaume le Conquérant, et ce fut là que la dépouille mortelle de ce prince, longtemps abandonnée par des serviteurs ingrats, reçut les premiers honneurs funèbres.

Une partie du monastère a été abattue; mais l'église et la salle du chapitre subsistent encore. L'église a 66 m. 92 c. de longueur en dedans, 19 m. 40 c. de largeur, et 16 m. 24 c. de hauteur sous voûte; la croisée a 31 m. 18 c. de longueur sur 8 m. 45 c. de largeur; elle est terminée en rond-point, comme l'abside, à ses deux extrémités; le clocher a 57 m. 47 c. de hauteur.

Cet édifice est tout entier d'architecture romane; les deux campaniles du portail et une seule fenêtre en ogive, évidemment construits après coup, sont tout ce qui y semble étranger au plan du fondateur et au travail du premier architecte.

229. (228) Cloître de Saint-Bertrand de Comminges (Haute-Garonne), d'après le baron Taylor, *Languedoc*, pl. 186. Les colonnes sont accouplées et ont des chapiteaux ornés de figures diverses; au milieu, un chapiteau est supporté par des religieux servant de cariatides.

MOEURS ET COUTUMES.

230. (201) Festins, d'après la tapisserie de Bayeux. Voy. t. VII, p. 795 et suiv.

231. (202) Navigation, d'après la tapisserie de Bayeux.

232. (203) Bataille de Hastings; mort de Harold, d'après la tapisserie de Bayeux.

Voy. BAYEUX (tapisserie de), t. II, p. 231.

233. (205) Pièces d'un échiquier du onzième siècle, conservées à la Bibliothèque du roi.

234. (229) Oliphant des chevaliers, tiré du cabinet de M. le duc de Luynes.

235. (230) Fragment du fourreau de l'Oliphant, tiré du même cabinet.

236. (231) Armes du onzième siècle, d'après Beaunier, *Costumes français*.

Voy. les articles EPÉE, t. VII, p. 405; ECU, t. VII, p. 87; FRANCISQUE, t. VIII, p. 461.

DOUZIÈME SIÈCLE.

ICONOGRAPHIE.

237. (234) Sceau de Louis VI (le Gros), d'a-

près le *Trésor de numismatique et de glyptique :* LVDOVICVS DI GRA FRANCORVM REX.

238. (235) Sceau et contre-sceau de Louis VII ; LVD. . . . S DI GRAT. FRANCORVM REX. ℟.—ET DVX AQVITA NO. . . VM.

239. (236) Sceau et contre-sceau de Philippe Auguste; PHILIPPVS. DI. GRA. FRANCORVM REX.

240. (237) Philippe Auguste, d'après une miniature d'un manuscrit de la Bibliothèque du roi, *Rois de France,* par Dutillet.

241. (238) Rois et reines, statues du portail occidental de la cathédrale de Chartres.

242. (239) Reines et princesses, statues du portail occidental de la cathédrale de Chartres.

243. (240) Evêque et diacres, statues du portail méridional de la cathédrale de Chartres. Voyez plus loin la note sur la planche 309 (303).

244. (241) Ecclésiastiques, d'après une vignette du manuscrit latin n° 85 de la Bibliothèque du roi.

245. (242) N° 1. Hélie, comte du Maine, d'après la statue placée sur son tombeau dans l'église de *la Cousture,* au Mans. Voy. t. X, p. 491. N° 2. Eudes, *le Champenois,* comte de Blois et de Chartres, d'après un dessin de la collection Gaignières, 1er vol., au cabinet des estampes de la Bibliothèque du roi. Voy. t. III, p. 43.

246. (243) Geoffroy le Bel, comte d'Anjou et du Maine, d'après un dessin de la collection Gaignières.

247. (244) Ducs de Normandie, sculptures de la cathédrale de Lisieux, d'après Willemin, *Monuments français inédits.*

248. (245) N° 1. Thibaut VI, comte de Blois, mort en 1218. Voy. t. III, p. 43. N° 2. Louis Ier de Sancerre. Voy. t. XII, p. 308. Vitraux de la cathédrale de Chartres

249. (246) Sceau de Gonthier Clabaut, mayeur d'Abbeville ; SIGILLVM : MAIORIS : COMMVNIE : ABBATISVILLE. Voy. t. I, p. 16.

NUMISMATIQUE.

250. (233) Monnaies du douzième siècle.

1° ✠ LVDOVICVS REX ; dans le champ, un portail.

℟. — ✠ AVRELIANIS CIVITAS ; croix cantonnée d'un A au 2e, et d'un O au 4e.

Denier de Louis VI, frappé à *Orléans.* Voyez t. X, p. 345, et t. XI, p. 284.

2° ✠ LVDOVICVS RE; dans le champ, FRA NCO.

℟. — ✠ PARISII CIVIS ; croix dans le champ.

Denier de Louis VII, frappé à *Paris.* Voyez t. X, p. 348.

3° PHILIPPVS REX ; dans le champ, FRA ODN entre deux crosses.

℟. — ✠ SEINT HOMER ; croix à branches égales, cantonnée de deux crosses.

Denier de Philippe Auguste, frappé à *St-Omer.* Voyez t. XI, p. 531, et t. XII, p. 282.

4° ✠ HENRICUS EPS ; dans le champ, une croix cantonnée de deux besants, au 1er et au 3e.

℟. — ✠ BELVACENSIS; dans le champ, le monogramme de Charles.

Denier de Beauvais.

5° HVGOC — OMITI ; dans le champ, un portail.

℟. — ✠ DRUCAS CASTA ; dans le champ, une croix cantonnée des lettres C, O, au 1er et au 2e canton.

Denier de *Dreux.* Voyez t. VI, p. 661.

6° ⁝ RROC VICE CO; croix dans le champ.

℟. — BITERRI CIVI; dans le champ, une croix haussée et accostée de deux I.

Monnaie de *Bourges.*

MONUMENTS RELIGIEUX.

251. (250) Portail de Saint-Trophime, à Arles, d'après le comte de Laborde, pl. 124.

Cette église a été construite en 1152, par Guillaume de Montrond, archevêque d'Arles, sur l'emplacement d'une chapelle dédiée à saint Etienne, et fondée au sixième siècle par saint Virgile. Guillaume de Montrond y transféra les reliques de saint Trophime, l'un des soixante-douze disciples de Jésus-Christ et le premier évêque d'Arles.

La différence des constructions prouve que cette église a été bâtie à différentes époques. Le portail, quoique très-ancien, est certainement d'une date plus récente que le reste de l'édifice. Il présente d'abord un immense fronton, dont la corniche est soutenue par des consoles décorées de fleurons et d'animaux. Celle qui se trouve au sommet de l'angle représente un ange les ailes étendues.

Le tympan est occupé par une immense arcade circulaire, formée de plusieurs bandes dont chacune a un ornement particulier. La dernière est couverte d'une foule d'anges qui paraissent occupés à chanter les louanges du Seigneur. Dieu lui-même se trouve au milieu, dans un grand cartouche : autour de lui sont un lion et un bœuf ailé, un aigle et un ange. Douze colonnes (six de chaque côté) supportent une frise chargée d'un grand nombre de figures, dont la plupart, selon l'usage du temps, représentent des scènes du jugement dernier. (Voyez au bas de la gravure les détails des chapiteaux et des bases de ces colonnes; la figure du milieu est sculptée sur l'un des piédestaux.)

Le milieu de la porte est soutenu par une colonne de granit, qui a pour chapiteau un ange les ailes éployées ; et pour base, quatre hommes attachés par le dos.

L'intérieur de l'église, à laquelle on

monte par un perron de sept ou huit marches, qui se prolonge sur toute la façade, est composé d'une nef avec deux ailes extrêmement étroites; il est lourd et irrégulier, et ne répond en rien à la richesse et à l'élégance du portail.

Le sanctuaire a été rebâti vers 1450, par l'évêque Louis Alemau. Voyez Millin, *Voyage en France*, t. III, p. 584 et suiv.

252. (252) Façade de l'église de l'abbaye de Saint-Gilles (Gard), d'après le baron Taylor.

Cette abbaye, fondée au cinquième siècle par le saint dont elle prit le nom, fut rebâtie au commencement du douzième siècle. Il n'en reste plus que l'église, dont la façade surtout est remarquable. L'une des tours contient un escalier, dont la voûte, regardée comme un chef-d'œuvre, est célèbre sous le nom de *vis de Saint-Gilles*.

253. (253) Façade de l'abbaye de Moissac, d'après le baron Taylor, *Languedoc*, pl. 147.

Les bâtiments de l'abbaye de Moissac étaient fort vastes; mais la plus grande partie a été ou démolie ou dénaturée, et consacrée à des établissements civils; il n'en reste plus que l'église et le cloître.

La gravure n° 253 représente l'entrée de l'église. Au sortir de ce porche, on parvient à un péristyle carré, dont les colonnes, de proportions sévères, produisent un fort bon effet. Du reste, ce péristyle et le porche sont les parties les plus curieuses de l'édifice, qui n'offre d'ailleurs rien de bien remarquable. Le cloître (grav. n° 251) est soutenu par des colonnes alternativement simples et doubles. Les chapiteaux sont chargés de bas-reliefs représentant des scènes de l'Ancien Testament. On connaît exactement l'époque de la construction de ce cloître; une inscription qu'on y lit encore la fixe à 1100.

254. (247) Cathédrale d'Angoulême, d'après un dessin de M. Gaucherel.

255. (248) Notre-Dame la Grande, à Poitiers, d'après Willemin et le comte de Laborde, pl. 129.

256. (249) Portail de l'églisè de Civray (Vienne), d'après le comte de Laborde, pl. 141.

257. (256) Eglise d'Ainay, à Lyon.

Cette église fut fondée sous le règne de Constantin, au confluent du Rhône et de la Saône, sur l'emplacement de l'autel élevé à Auguste par soixante nations gauloises. Des solitaires s'y réunirent au commencement du cinquième siècle, et y construisirent un monastère qui fut ruiné par les Huns. Salone, évêque de Gênes, le fit rétablir; mais il fut encore ruiné par les Vandales, puis par les Lombards. En 612, Brunehaut fit bâtir une nouvelle abbaye, qui, peu de temps après, fut brûlée par les Sarrasins. L'abbé Aurélien la fit rétablir en 850; enfin, au XIIe siècle, l'archevêque Amblard réédifia l'église bâtie par Salone. C'est aujourd'hui une des paroisses de Lyon.

Cette église présente les caractères de l'architecture byzantine. Le dôme, la voûte du chœur, le clocher pyramidal, sont moins anciens que les autres parties de l'édifice. Au-dessus du portail, on remarque un bas-relief antique, représentant trois déesses : celle du milieu porte une corne d'abondance et deux pommes; les deux autres tiennent chacune une pomme. Au-dessus on lit cette inscription,

MAT. AUG. PHI. EGN. MED.

que Millin (*Voyage en France*, t. I, p. 491) interprète ainsi :

MAT*ribus* AUG*ustis* PHI*lenius* EGN*atius* MED*icus* ou mieux (MED*iomatrix*.)

Voy., pl. 25, un autre monument représentant les déesses mères.

Près du sanctuaire sont quatre colonnes de granit, qui ont dû n'en former que deux dans l'origine. On pense que ces deux colonnes, qui, avant d'être sciées, avaient 8 mètres 12 c. de hauteur sur 1 m. 07 c. de diamètre, étaient celles qui étaient placées aux deux côtés de l'autel d'Auguste et portaient l'une un génie, l'autre une victoire, ainsi que nous l'apprennent les médailles qui représentent ce monument.

258. (257) Eglise de Truas en Vivarais (Ardèche), d'après le baron Taylor, *Languedoc*, pl. 323.

259. (258) Abside de cette église.

260. (258 A 277) Abside de l'église Saint-Jean, cathédrale de Lyon.

Cet édifice doit son origine à un baptistère fondé au commencement du septième siècle, par saint Arége, pour l'église de St-Étienne, bâtie deux siècles auparavant par saint Patient. Ce baptistère, plusieurs fois ruiné et reconstruit, finit par devenir l'église principale. Déjà, au dixième siècle, c'était l'église métropolitaine et primatiale des Gaules.

Le sanctuaire et la croisée sont très-anciens; mais la grande nef paraît postérieure au siècle de saint Louis. Le portail n'a été achevé que sous le règne de Louis XI. Quatre tours carrées et richement sculptées flanquent cette basilique. Deux galeries à balustrades en pierre et taillées à jour règnent dans toute la largeur de la façade, où les ornements sont d'ailleurs peu prodigués. L'intérieur est aussi d'une grande simplicité; mais la longueur des nefs, l'élégance des voûtes, le grand nombre des colonnes, la richesse des sculptures, la beauté des vitraux, donnent à cet édifice un grand caractère de majesté. La grande nef a 81 m. 10 c. de longueur dans œuvre, sur 11 m. 69 c.

de largeur entre les piliers. Le maître-autel s'élève presque au centre de la croisée; il n'est remarquable que par deux croix, qui rappellent qu'un concile œcuménique, tenu dans cette basilique en 1274, opéra la réunion momentanée des églises grecque et latine. Autour des petites nefs règne une suite de chapelles construites à diverses époques.

261. (254) Collégiale de Saint-Denis, d'après M. Gaucherel.

L'abbaye de Saint-Denis doit son origine à une chapelle qu'une dame chrétienne fit bâtir en 240, pour y déposer les restes de saint Denis et de ses compagnons, saint Rustique et saint Éleuthère. Cette chapelle fut remplacée ensuite par un oratoire où, suivant Grégoire de Tours, Chilpéric fit enterrer un de ses fils, mort en 580. Dagobert la fit démolir au commencement du VIIe siècle, et, sur son emplacement, il fit élever une église (voy. t. VI, p. 295), où il fut enterré en 638. C'est à ce prince qu'on attribue la fondation de l'abbaye. L'église, qu'il avait magnifiquement décorée, fut démolie sous le règne de Pepin le Bref, et remplacée par une autre beaucoup plus vaste, qui ne fut achevée que sous celui de Charlemagne.

Il ne reste presque plus rien de cet édifice; Suger (voy. ce nom, t. XII, p. 599) fit élever, de 1130 à 1134, le portail, le vestibule, les tours et le rond-point de l'église actuelle. C'est à lui aussi que l'on attribue la construction de la crypte qui contient les sépultures des rois. Un de ses successeurs, l'abbé Odon, réunit, sous saint Louis, le rond-point au portail, par la nef, qui ne fut achevée que sous le règne de Philippe le Hardi, en 1281. Cette nef est trop élevée pour le portail; l'axe du sanctuaire est incliné sur la gauche; mais le plan général est bien conçu, et les chapelles qui entourent l'église produisent un bel effet. Le portail et les tours, dont l'une a 52 m. 85 c. de haut, sont d'un style mâle et simple, et présentent le caractère de solidité des édifices du onzième et du douzième siècle. La nef, construite à la fin du treizième, offre ces formes légères et élégantes qui caractérisent les constructions de cette époque. Le chœur et le rond-point, élevés de dix-huit marches au-dessus de la crypte, participent de ces différents styles.

Les bâtiments de l'abbaye, reconstruits au dix-septième siècle, sur les dessins de Robert Cotte (voy. ce nom, t. VI, p. 143), sont remarquables par leur étendue et leur belle construction. La façade qui regarde la ville est décorée d'un grand fronton orné de sculptures, représentant saint Maur implorant le secours de Dieu pour la guérison d'un enfant déposé à ses pieds par une mère affligée. Cette maison est aujourd'hui occupée par l'institution des orphelines de la Légion d'honneur.

262. (255) Eglise Saint-Léger, à Guebwiller (Haut-Rhin), d'après le comte de Laborde.

On remarque, dans cette église, la réunion de l'ogive et du plein cintre; la ville de Guebwiller en possède une autre, construite, en 1766, aux frais des moines de Murbach; c'est aussi un bel édifice.

263. (261) Ancien portail de l'église Sainte-Geneviève, à Paris, d'après Millin, *Antiquités nationales*, t. V.

L'abbaye de Ste-Geneviève, fondée en 508, par Clovis et Clotilde, sous le nom de *St-Pierre et St-Paul*; détruite par les Normands en 857, et rebâtie en 1175, fut démolie une dernière fois en 1754; il n'en reste plus que la tour et quelques bâtiments compris aujourd'hui dans l'enceinte du collége royal de Henri IV. Voyez PARIS, tom. XI, pag. 349.

264. (258 C 272) Abside de l'église de Montmartre.

265. (259) Monument de Montmorillon (Vienne): vue, plan et coupe avec la partie souterraine, d'après le comte de Laborde, pl. 150.

266. (260) Sculptures de ce monument.

Ce monument, connu sous le nom d'*Octogone de Montmorillon*, est situé dans l'enclos d'un monastère d'Augustins; il se compose d'un caveau funéraire voûté, au-dessus duquel est une salle également surmontée d'une voûte, dont la clef est percée d'une ouverture ronde correspondant à une ouverture hexagone de la voûte du souterrain. Cette salle sert comme de vestibule à une petite chapelle, qui forme comme un prolongement détaché de l'octogone, au devant du pan oriental. Sur chacun des huit pans de l'édifice est une fausse arcade en ogive, au milieu de laquelle se trouve une fenêtre longue et cintrée par le haut. La corniche est supportée par des modillons ornés de figures grotesques. La crypte ne reçoit de jour que par l'ouverture de la voûte et par six petites embrasures percées au-dessous des fenêtres de l'étage supérieur. On y descend par un petit escalier en limaçon, dont la porte est à gauche de l'autel de la petite chapelle carrée.

Au-dessus de la porte de l'octogone, se trouve une espèce de fenêtre de 2 mètres 33 cent. de large sur 1 mètre 03 cent. de haut, dans laquelle sont placés quatre groupes de figures dont on n'a point donné jusqu'ici d'explication satisfaisante.

Le premier groupe présente au dehors une femme nue, ayant de longs cheveux lisses, une face difforme et hideuse. Elle tire la langue et tient dans ses mains deux serpents qui s'enlacent entre ses cuisses et sucent ses mamelles. A cette statue est adossée une femme également nue qui soutient deux crapauds suspendus à ses mamelles.

Le second groupe est composé de quatre statues représentant trois hommes à longue barbe et un ange ailé.

Le troisième est représenté dans la deuxième figure de la planche 260.

Le quatrième est composé des figures première et troisième de la même planche adossées l'une à l'autre.

267. (251) Cloître de l'abbaye de Moissac (Tarn-et-Garonne), d'après le baron Taylor. Voy. la note sur la pl. 253.

268. (272) Châsse émaillée conservée à la cathédrale de Chartres, d'après un dessin de M. Gaucherel.

MONUMENTS PUBLICS.

269. (269) Pont d'Avignon, d'après le baron Taylor. Voy. BENEZET (Saint), t. II, p. 376.

270. (273) *Pont de Pierre*, ou *pont du Change*, à Lyon.

Ce pont se compose de huit arches et a 193 mètres entre les culées. Quelques inscriptions antiques que l'on voit sur les piles prouvent qu'une partie des matériaux employés à le construire proviennent des débris du temple d'Antonin.

MONUMENTS PRIVÉS.

271-272. (267 et 268) Maisons du douzième siècle, à Cologne, d'après Boisserée.

MOEURS ET COUTUMES.

273. (271) Agriculture, meubles, musique, d'après des miniatures de manuscrits de la Bibliothèque du roi.

274. (204) Concert; développement d'un chapiteau de l'abbaye de Saint-Georges de Boscherville (Seine-Inférieure).

L'instrument que tient la première figure est la *viole;* le singulier instrument *à deux*, qui repose sur les genoux des deux personnages suivants, est la *rote;* le quatrième personnage joue de la *flûte de Pan;* l'instrument que fait résonner le cinquième est peut-être la *lyre d'amour*. Des deux instruments qui suivent, le premier serait le *psalterium*, et le second le *tympanum;* la huitième figure joue du *violon*, et celle qui lui est opposée tient une *harpe*. Les deux dernières figures sont occupées à faire résonner les clochettes d'un carillon ou *tintanabulum*. N'oublions pas la *jongleresse*, qui, montée sur une espèce de *scabellum*, exécute une de ces poses forcées, qui aujourd'hui ne sont plus connues que des saltimbanques.

MONUMENTS MILITAIRES.

275. (263) Donjon du château de Loches. Voy. t. X, p. 289.

276. (264) Château-Gaillard d'Andely, d'après le baron Taylor, *Normandie*, pl. 184.

277. (264 A 274) Château-Gaillard d'Andely, d'après M. Ernest Breton.

278. (264 B 275) Donjon et plan du Château-Gaillard, d'après M. Ernest Breton.

Explication du plan.

A. Enceinte avancée.
B. Langue de terre, seul côté accessible.
C. Première enceinte fortifiée.
D. Seconde enceinte ou citadelle.
E. Donjon.
F. Maison d'habitation.
G. Fossés.
H. Chapelle.
1. Tour faisant face à la langue de terre.
2. Tourelle adjointe contenant l'escalier.
3. Petites tours défendant les flancs.
4. Grosses tours.
5. Tour octogone à l'intérieur.
6. Point où dut exister une tour.
7. Puits comblés.
8. Bastions.
9. Escalier souterrain communiquant aux travaux extérieurs.
10. Entrée des cryptes.
11. Pont détruit.
12. Unique entrée de la citadelle.

Travaux extérieurs.

14. Muraille d'appui.
15. Tour ronde.
16. Mur détruit qui descendait à la Seine.
17. Massif sur le bord de la Seine.
18. Fenêtre par laquelle le château fut pris en 1204.

279. (264 C 276.) Crypte du Château-Gaillard.

Ce château fut construit, en 1195, par Richard Cœur de Lion, et devint, peu de temps après, la propriété de Philippe Auguste. Les Anglais s'en rendirent maîtres en 1203; Philippe Auguste le leur reprit en 1204. (Voy. t. V, p. 34.) Il soutint encore deux siéges mémorables, l'un de sept mois, en 1418, contre les Anglais; l'autre de six semaines, en 1449, contre les Français. Louis XIII le fit démanteler.

280. (264 D 346) Tour de l'enceinte de Philippe Auguste, rue Pavée, à Paris. Voy. t. XI, p. 351.

281. (265) Château de Gisors. Voy. t. VIII, p. 834.

282. (266) Château d'Arques (Seine-Inférieure).

Cette forteresse, construite au commencement du onzième siècle, était flanquée de quatorze tours et environnée de fossés profonds. Elle a soutenu un grand nombre de siéges. Philippe Auguste tenta sans succès de s'en rendre maître, en 1202. Talbot et Warwick la prirent en 1419; mais elle fut rendue à Charles VII, par un des articles de la capitulation de Rouen. La victoire de Henri IV, à laquelle elle a donné son nom (voyez t. I, p. 362), est le dernier événement important dont elle ait été témoin; elle a été démantelée en 1763.

283. (270) Armes, navires, d'après des miniatu-

res de manuscrits de la Bibliothèque du roi.

MONUMENTS FUNÉRAIRES.

284. (262) Tombeau d'Héloïse et d'Abailard, au cimetière du Père-Lachaise.

Ce monument, élevé par les soins de M. Alexandre Lenoir, avec des débris du Paraclet et de l'abbaye de Saint-Denis, a été transporté, en 1816, du musée des monuments français à la place qu'il occupe aujourd'hui.

TREIZIÈME SIÈCLE.

ICONOGRAPHIE.

285. (274) Sceau et contre-sceau de Louis VIII, d'après le *Trésor de numismatique et de glyptique* (LVDOVICVS. DI GRA. FRANCORVM REX.).

286. (280) N° 1. Sceau de Louis IX (LVDOVICVS DI GRA. FRANCORVM REX); n° 2. Sceau dont se servit ce prince pendant la croisade de 1259 (✠ S. LVDOVICI. DEI. GRA. REG. FRANCOR. IN. PARTIBUS. TRANSMARINIS. AGENTIS.)

287. (281) Saint Louis, sous le nom de Salomon, vitrail de la cathédrale de Chartres, d'après Willemin.

288. (284) Marguerite de Provence, femme de saint Louis, d'après un dessin de la collection Gaignières, 1er vol., pag. 65. Voy. la biographie de cette princesse, t. X, p. 581.

289. (285) Louis, fils aîné de saint Louis, bas-relief de l'église *Saint-Louis* de Poissy, où sont représentés les six autres fils de ce roi.

290-291. (286 et 287) Croisade de saint Louis, d'après les vitraux de la basilique de Saint-Denis.

292. (288) Amaury VI, comte de Montfort, connétable de France sous saint Louis, d'après un vitrail de la cathédrale de Chartres. Voy. t. X, p. 881.

293. (289) Jean de Montpoignant, d'après le dessin gravé sur sa tombe dans le chapitre de Saint-Ouen, à Rouen, vers 1250.

294. (290) Pierre de Dreux, dit Mauclerc, duc de Bretagne, comte de Richemont, mort le 22 juin 1250, d'après un vitrail de la cathédrale de Chartres. Voy. t. III, p. 354.

295. (291) Henri, seigneur du Mez, recevant l'oriflamme des mains de saint Denis, d'après un vitrail de la cathédrale de Chartres. Voy. l'art. ORIFLAMME, t. XI, p. 266.

296. (292) Hugues, vidame de Châlons, mort en 1279, gravé sur sa tombe dans l'église de l'abbaye de Toussaints, à Châlons-sur-Marne, d'après un dessin de la collection Gaignières, vol. II.

297. (293) 1° Philippe, seigneur de Conches, fils de Robert II, comte d'Artois, mort le 11 septembre 1298, des blessures qu'il avait reçues à la bataille de Furnes, d'après le relief en marbre noir, qui se trouvait dans l'église des Jacobins de la rue Saint-Jacques, à Paris. Voy. FLANDRE ET ARTOIS, t. VIII, p. 122, et FURNES (bataille de), même tome, p. 547.

2° Pierre, sire de Candoire, mort en 1296, d'après un dessin de la collection Gaignières, vol. II.

298. (294) Mahaut, comtesse de Boulogne et reine d'Angleterre, d'après un vitrail de la cathédrale de Chartres. Voy. BOULOGNE (comtes de), t. III, p. 200.

299. (295) Sceau de Charles II, surnommé *le Boiteux*, roi de Naples, de Sicile et de Jérusalem, comte d'Anjou, du Maine, de Provence et de Forcalquier, mort en 1309. (ANDEGAV..... VINCIE : ET : FORCALQVERII : COMES; *Andegavie, Provincie et Forcalquerii comes*). Voy. ANJOU (maison d'), *tableau premier*, t. I, p. 525, et PROVENCE, t. X, p. 760.

300. (296) Sceau de Philippe III dit *le Hardi*. (PHILIPPVS ⋮ DEI ⋮ GRACIA ⋮ FRANCORVM ⋮ REX.) Voy. t. XI, p. 531.

Sceau de Marie de Brabant, femme de ce prince. (S' MARIE : DEI : GRACIA : FRANCORVM : REGINE.) Voyez la biographie de cette princesse, t. X, p. 596.

301. (297) Philippe le Bel, d'après Dutillet.

302. (298) Philippe le Bel reçoit Jehan de Mehun, qui lui présente sa traduction de la *Consolation de la philosophie* de Boëce; d'après un manuscrit de cet ouvrage, conservé à la Bibliothèque du roi. Voy. t. X, p. 741.

303. (299) Nicolas l'Escuyer, valet du roi Philippe le Bel, d'après la gravure de sa tombe, dans le cloître de l'église de Royaumont. Voy. Millin, *Antiquités nationales*, p. 11, pl. 5, fig. 4.

NUMISMATIQUE.

304. (326 A 338) Monnaies du treizième siècle.

N° 1. ✠ LVDOVICVS : DEI : GRACIA : FRANCOR REX; dans un cartouche composé de huit quarts de tour de compas; un écu aux fleurs de lis sans nombre.

℟. — ✠ XPC. VINCIT. XPC. REGNAT. XPC. INPERAT; dans le champ, une croix fleuronnée, cantonnée de quatre fleurs de lis, la pointe en haut.

Cet *écu d'or*, qui est fort rare, est attribué à saint Louis. Voy. t. X, p. 357.

N° 2. ✠ BNDICTV ⋮ SIT ⋮ NOME ⋮ DNI ⋮ NRI ⋮ DEI ⋮ IHV ⋮ XP. (*Benedictum sit nomen Domini nostri Dei Jesu-Christi*), entre grènetis, en première légende; ✠ LVDOVICVS REX, en seconde légende; dans le champ, une croix à branches égales.

℟. — Bordure de douze fleurs de lis contenues chacune dans un cercle, entre grènetis; TVRONVS CIVIS; dans le champ, un châtel.

Cette pièce est très-commune; c'est un *gros tournois* frappé sous saint Louis. Voyez t. X, p. 357; t. XII, p. 710, et t. IX, p. 147.

N° 3. ✠ CA.S.TRI.DVNI, entre grènetis;

croix à branches égales dans le champ. Revers anépigraphe.

Pied-fort d'un *denier* de Châteaudun, frappé à la fin du treizième siècle. Voyez t. V; p. 33. On sait qu'on appelle pied-fort une pièce d'essai frappée sur un flan très-épais.

N° 4. ✠COMES : PVINCIE, entre grènetis ; dans le champ, une tête de profil, tournée à gauche.

℟.—✠CIVITAS MASSIL, entre grènetis ; dans le champ, une représentation de la ville, symbolisée par un édifice surmonté d'une croix.

Denier de billon, frappé à Marseille à l'effigie des comtes de Provence. Voy. t. X, p. 656.

N° 5. ✠R : COMES : PALACI, entre grènetis; dans le champ, une croix pattée, évidée et pommetée de trois globules à chaque branche.

℟.—✠ DVX. MARCHI. PV. (*dux Marchio provinciæ*), entre grènetis; dans le champ, un croissant et un astre (le soleil et la lune).

Denier frappé par Raymond, comte de Toulouse et duc de Narbonne, comme marquis de Provence. Voy. t. XII, p. 703.

N° 6. ✠PRIMA SEDES, entre grènetis ; dans le champ, un L barré en forme de croix, et accosté à dextre du soleil, à senestre de la lune.

℟.—✠ GALLIARVM, entre grènetis; dans le champ, une croix à branches égales, cantonnée au deuxième canton du soleil et au quatrième de la lune.

Denier de billon des archevêques de Lyon, frappé à la fin du treizième siècle. Voy. t. X, p. 462.

MONUMENTS RELIGIEUX.

305. (300) Grand portail de Notre-Dame de Paris.

306. (301) Portail méridional de Notre-Dame de Paris.

307. (302 A) Porte septentrionale de Notre-Dame de Paris.

Voy. t. XI, p. 378.

308. (302) Cathédrale de Chartres, commencée sous l'épiscopat de Fulbert, mort en 1029 (Voy. t. VIII, p. 534); dédiée à la Vierge, le 17 octobre 1260, par l'évêque Pierre de Maincy.

Jean Cormier, médecin du roi Henri Ier, fit bâtir à ses dépens la plus grande partie du portail méridional; la princesse Mahaut (voy. ci-dessus la pl. 298 (294) fit couvrir en plomb le chœur, la croisée et une partie de la nef.

On avait le projet d'élever les deux clochers sur le même dessin ; mais, soit que les fonds manquassent, ou qu'il fût survenu un autre obstacle, le clocher de droite, que l'on appelle *le clocher vieux*, fut seul achevé; l'autre ne fut construit en pierre que jusqu'à une certaine hauteur. On le compléta par une flèche en charpente recouverte en plomb; mais cette flèche fut incendiée par la foudre en 1506. Un architecte de Chartres, Jean Texier, dit de *Beauce*, fut alors chargé de la reconstruire en pierre, et ce nouveau clocher, qui prit le nom de *clocher neuf*, fut achevé en 1514. Il a été de nouveau détruit par le feu en 1838.

Tout l'édifice a de longueur dans œuvre 128 m. 64 c. sur 32 m. 81 c. de largeur, d'un mur à l'autre, et 33 m. 43 c. de hauteur sous clef de voûte. Les bas-côtés ont chacun 6 m. 49 c. de largeur sur 15 m. 59 c. de hauteur; ils sont doubles autour du chœur. La nef a 72 m. 76 c. de longueur, depuis la porte principale jusqu'au premier pilier du chœur. La croisée a 64 m. 34 c. d'une porte à l'autre ; elle est large de 11 m. 64 c., et a, comme la grande nef, des bas-côtés. Voy. l'article CHARTRES, t. V, p. 8.

309. (303) Porche septentrional de la cathédrale de Chartres. Voy. plus haut, pl. 241, 242, 243 (238), (237), (240), des figures tirées du porche méridional de cette église. Ce porche est une des parties les plus anciennes de l'édifice.

310. (304) Cathédrale de Strasbourg.

L'ancienne église de cette ville ayant été, en 1007, presque entièrement détruite par la foudre, l'évêque Werner entreprit de la reconstruire sur un plan beaucoup plus vaste. Le corps de l'édifice, dont les fondements avaient été jetés en 1015, ne fut achevé qu'en 1275. Deux ans après, on commença à élever, sous la direction de l'architecte Erwin de Steinbach, les deux tours qui devaient flanquer le principal portail. Cet artiste mourut en 1318; après lui son fils Jean, puis sa fille Sabine, puis Jean Hültz continuèrent l'exécution de ses plans; enfin, la tour du nord fut achevée en 1439. Elle a, depuis le sol, 142 mètres de hauteur. La tour du midi ne fut pas élevée au-dessus du portail.

La nef a 108 m. 82 c. de longueur, 10 m. 39 c. de largeur et 23 m. 38 c. environ de hauteur, depuis le pavé jusqu'à la voûte; à droite et à gauche, neuf piliers énormes la séparent des bas-côtés.

311. (305) Église à Noyon.

Cet édifice, dont le portail a quelque chose de grave et de sévère, présente dans son intérieur un des plus gracieux modèles de l'architecture du quatorzième siècle.

312. (306) Cathédrale d'Amiens.

313. (307) Portail de cette cathédrale.

Evrard de Fouillay, quarante-cinquième évêque d'Amiens, posa, en 1220, la première pierre de cet édifice, qui ne fut terminé qu'en 1288. Sa longueur dans œuvre est de 134 m. 80 c.; la nef a 13 m. 64 c. de largeur et 42 m. 87 c. d'élévation. Du pavé au coq placé au sommet de la flèche, on compte, suivant quelques auteurs, 130 m. 58 c., et 124 m. 41 c. seulement, selon d'autres. Cette flèche, de forme octogone, a 23 m. 38 c. de circonférence à sa base, et 65 m. 29 c. d'élévation au-dessus du toit de l'église. Elle est en bois de chêne et de châtaignier; quatre poutres de 16 m. 24 c. de longueur, posées sur les quatre principaux piliers de la croisée, soutiennent en l'air cette flèche légère, qui cède à l'action des vents, et se remet elle-même d'aplomb.

314. (308) Cathédrale de Reims.

La cathédrale de Reims, construite en 822, par les soins de l'archevêque Ebon, ayant été détruite par le feu en 1210, Robert de Coucy, célèbre architecte de la ville, fut chargé de la rebâtir, et il la mit en peu de temps dans l'état où on la voit aujourd'hui; on y célébra l'office dès l'année 1241. La croisée et le chevet ayant été brûlés en 1491, furent reconstruits peu de temps après.

La longueur totale de l'édifice est de 77 m. 31 c., sa largeur de 29 m. 31 c., et sa hauteur jusqu'au sommet de la toiture, de 43 m. 85 c. Les tours ont 64 m. 96 c. d'élévation; au-dessus de l'abside est placé le clocher à l'Ange, qui s'élève jusqu'à 17 m. 86 c. au-dessus de la toiture.

315. (309 A 341) Cathédrale de Coutances, d'après les dessins de MM. Gaucherel et Violet le Duc.

316. (309 B 342) Abside de la même cathédrale, d'après un dessin de M. Violet le Duc.

317. (309 C 343) Intérieur de cet édifice, d'après un dessin de M. Violet le Duc.

318. (311) Église Notre-Dame de Dijon.

Cette église, construite de 1252 à 1334, a 46 m. 12 c. de longueur, 16 m. 89 c. de largeur, et 27 m. 93 c. de hauteur. Une grande tour s'élève au-dessus de la croisée.

319. (313) Cathédrale de Beauvais.

Les fondements de l'ancienne cathédrale de Beauvais furent jetés vers l'an 991, par Hervier, quatrième évêque de cette ville. Roger, son successeur (996), fit élever les piliers du sanctuaire et du rond-point. Cette église, bâtie avec une sorte de magnificence, fut incendiée deux fois, en 1180 et en 1225. L'évêque Miles de Nanteuil entreprit alors de la rebâtir sur un plan beaucoup plus vaste. Mais les anciens piliers du chœur, que l'on avait conservés, étant trop écartés pour soutenir la voûte, l'édifice à peine achevé s'écroula. On se hâta de le relever, et en 1272, les nouvelles voûtes étaient achevées. Elles s'écroulèrent encore douze ans après. Cette fois il ne fallut que quatre ans pour réparer le désastre.

Cependant le chœur seul était achevé; l'évêque Jean de Marigny chargea, en 1338, l'architecte Enguerrand le Riche, de terminer l'édifice. On se mit aussitôt à l'œuvre; mais la guerre vint bientôt interrompre les travaux, et ils ne furent repris qu'en 1500, sous l'épiscopat de Villers de l'Ile-Adam; deux artistes de la ville, Jean Waast et Martin Cambiche, furent chargés de les diriger. Jean Waast fils et François Maréchal succédèrent à ces premiers architectes, et achevèrent la croisée en 1555; alors, au lieu de terminer la nef dont ils avaient déjà commencé une travée, ils élevèrent, au-dessus du point central de la croisée, une tour pyramidale de 15 m. 91 c. de largeur sur chaque face, et de 93 m. 55 c. de hauteur. Mais cette tour, construite après coup, et qui ne portait point sur des supports assez solides, s'écroula en 1573. On se hâta de déblayer l'église des décombres qui l'obstruaient, et l'on se remit à travailler à la nef. On en éleva les deux premières travées; mais alors, les fonds dont l'évêque et le chapitre pouvaient disposer, étant devenus insuffisants, on fut de nouveau forcé de s'arrêter, et l'on dut se résoudre à clore par un simple mur de refend cette partie de l'édifice, qui est restée imparfaite jusqu'à ce jour.

La hauteur de cette église, depuis le pavé jusqu'à la voûte, est de 46 m. 77 c.; la longueur intérieure du chœur, de 35 m. 73 c.; sa largeur, de 15 m. 59 c.. La nef devait avoir la même largeur et 52 m. 53 c. de longueur.

320. (312) Ruines de l'église Saint-Thomas, à Beauvais, dessin de M. Ern. Breton.

321. (315) La Sainte-Chapelle de Paris, construite par Pierre et Eudes de Montereau. Voy. t. XI, p. 380.

322. (316) Chapelle du château de Vincennes, construite par les mêmes architectes.

323. (317) Réfectoire de l'abbaye de Saint-Martin des Champs, construit par les mêmes architectes.

324. (317 A) Chaire de ce réfectoire.

325. (317 B 326) Cloître de Saint-Trophime, à Arles. Partie romane, d'après M. Ernest Breton.

326. (317 C 339) Partie ogivale du même cloître, aussi d'après M. Ernest Breton.

327. (317 D 340) Cloître de Saint-Maurice, à Vienne, d'après le baron Taylor.

328. (317 E 345) Cloître de l'abbaye du Mont-Saint-Michel. Voy. t. XI, p. 17.

329. (314) Détails d'architecture du treizième siècle, d'après M. E. Breton.

330. (318) Châsse de saint Calmin, conservée dans l'abbaye de Mauzac, d'après le baron Taylor, *Auvergne*, pag. 15.

331. (331) Ciboire et reliquaires; émaux de Limoges conservés au musée du Sommerard. Voy. l'art. ÉMAIL.

332. (333) Vignette du bréviaire de Saint-Denis, représentant le Jugement dernier.

Ce bréviaire est aujourd'hui à la bibliothèque de l'Arsenal.

333. (334) Bas-reliefs du tombeau de Dagobert, à Saint-Denis.

Ce monument, qui date du règne de saint Louis, représente dans les trois bas-reliefs dont il se compose la prétendue révélation faite à Ansoalde, ambassadeur de Sicile, par un anachorète qui assurait avoir vu Dagobert dans un esquif entre les mains des démons qui le tourmentaient, secouru et conduit dans le paradis par saint Denis et saint Martin.

MONUMENTS PUBLICS.

334. (323) Hôtel de ville et beffroi de Bordeaux.

335. (325) Pont Saint-Esprit, sur le Rhône.

Ce pont, remarquable par sa hardiesse, son élévation, sa longueur et sa solidité, fut commencé en 1265, et terminé en 1309; il résiste donc, depuis plus de cinq siècles, à l'impétuosité du Rhône, qui, en cet endroit, est d'une force inconcevable. Sa longueur est de 818 mètres 59 centimètres; mais sa largeur n'est guère que de 4 m. 30 cent. d'un parapet à l'autre. Il se compose de vingt-trois arches à plein ceintre, dix-neuf grandes et quatre petites. Chaque pile est en outre percée d'une petite arcade au-dessus de l'éperon, pour l'écoulement des grandes eaux. Les deux tiers du pont sont fondés sur le roc; le reste l'est sur pilotis; enfin, il n'est point bâti en ligne droite, mais il forme un coude très-sensible, disposition que nous avons déjà vue employée pour le pont de pierre de Lyon. Voyez ci-dessus la note sur la planche 273, et, au DICTIONNAIRE, l'article PONT SAINT-ESPRIT, t. XI, p. 668.

336. (310 325 A) Aqueducs et abside de la cathédrale de Coutances, d'après un dessin de M. Gaucherel.

337. (327) Sceau et contre-sceau de la commune de Bayonne.

338. (328) N° 1. Sceau du maire et des échevins de Pontoise, représentant le pont qui a donné son nom à cette ville. N°s 2 et 3. Sceau et contre-sceau des capitouls de Toulouse, représentant, l'un, l'Agneau pascal; l'autre, le château Narbonnais et le Capitole de Toulouse.

MONUMENTS PRIVÉS.

339. (324) Maison du treizième siècle, à Louviers, d'après le baron Taylor, *Normandie.*

MOEURS ET COUTUMES.

340. (337) Chasses, d'après les miniatures d'un manuscrit du *Livre du roi Modus*, conservé à la Bibliothèque du roi. Voy. l'art. CHASSES, t. V, p. 13.

341. (332) Instruments de musique : 2, 3, 5, d'après un vitrail du treizième siècle de l'abbaye de Bon-Port (Normandie).

6, 7, 8, 9, 10, d'après un manuscrit de la Bibliothèque du roi, *Emblemata biblica*, n° 37.

1. Psalterium ou tympanum.
2. Leuth ou guiterne.
3, 8. Harpes.
4, 5. Jeux d'orgues à main ou portatifs.
6, 7. Rebecs.
9. Oliphant ou trompe.
10. Roi jouant du carillon.

342. (336) Lettres ornées tirées du manuscrit de *Lancelot du Lac*, conservé à la Bibliothèque du roi, sous le n° 6794, pag. II, LV, LIX.

MONUMENTS MILITAIRES.

343. (319) Château d'Angers.

Cette forteresse, commencée sous le règne de Philippe Auguste et achevée sous celui de Louis IX, s'élève à près de 32 mètres au-dessus de la Mayenne. Elle est entourée de huit grosses tours en pierre d'ardoise, qui lui donnent un aspect imposant, et environnée d'un fossé taillé dans le roc, de 29 m. 23 c. de largeur, sur 10 m. 71 c. de profondeur. Elle sert aujourd'hui de prison et de dépôt des poudres.

344. (320) Château de Coucy.

Ce château, bâti en 1598, par Enguerrand, le dernier des sires de Coucy (voyez t. VI, p. 147 et suiv.), formait un quadrilatère irrégulier, défendu par un large fossé, et dont chaque angle présentait une tour. Une des cinq portes qui en formaient l'entrée existe encore, ainsi que le donjon, qui a 84 m. 36 c. de haut, 97 m. 45 c. de circonférence, et dont les murs ont 10 m. 39 c. d'épaisseur.

345. (321) La tour du Temple, à Paris, bâtie en 1212, d'après Millin, *Antiquités nationales.*

346. (321 A 327) Porte du Mont-Saint-Michel, d'après un dessin de M. Violet le Duc.

347. (322) Salle des Chevaliers, au Mont-Saint-Michel. C'est dans cette salle que Louis XI institua, en 1469, l'ordre de Saint-Michel.

348. (330) Armes.

1, 2, 3, 4 et 5. Diverses espèces de casques. Voy. t. IV, p. 229.
6 et 7. Ecus. Voy. t. VII, p. 87.
8. Hache d'armes. Voy. t. IX, p. 297.
9 et 10. Masses d'armes.
11. Epée. Voy. t. VII, p. 405.
12. Pique. Voy. t. XI, p. 601.
13. Arbalète. Voy. t. I, p. 282 et suiv.
14. Carreau. Voy. t. IV, p. 199.

Voyez du reste, pour toutes ces armes, l'art. ARMURES, t. I, p. 351.

QUATORZIÈME SIÈCLE.

ICONOGRAPHIE.

349. (348) N° 1. Sceau de Louis X : LVDOVICVS DEI GRACIA FRANCORVM ET NAVARRE REX.
N° 2. Sceau de Clémence, seconde femme de ce prince : ✠S : CLEMENCIE DEI GRACIA FRA...... AVARRE.

350. (349) N° 1 et n° 2. Robert, comte de Clermont, fils de saint Louis, en habit civil et en habit guerrier; le premier extrait d'un manuscrit, le second d'après le relief en marbre blanc, qui ornait son tombeau en marbre noir, dans l'église des Jacobins de la rue Saint-Jacques, à Paris. N° 3. Béatrix de Bourgogne, sa femme. Voy. CLERMONT EN BEAUVAISIS (comtes de), t. V, p. 221.

351. (350) Philippe VI, dit Valois, d'après un dessin de la collection Gaignières.

352. (351) Le roi Jean, d'après une peinture conservée à la Bibliothèque du roi.

353. (352) Charles V, dit le Sage, d'après une miniature du manuscrit des *Hommages du Beauvoisis*, déposé à la cour des comptes de Paris. Voy. la collection Gaignières, t. IV.

354. (353) Sceau et contre-sceau de Charles V, d'après le *Trésor numismatique et de glyptique*. (KAROLVS : DEI : GRACIA : FRANCORVM : REX.)

355. (354) Charles V et son valet de chambre, Jean de Vaudetar, d'après une miniature du manuscrit des *Hommages du Beauvoisis*.

356. (356) Voyage de l'empereur Charles IV en France, d'après les miniatures du manuscrit des Chroniques de Saint-Denis, exécuté pour Charles V.

357. (357) Entrée de l'empereur à Paris.

358. (358) Visite de ce prince à la reine, à l'hôtel Saint-Paul.

359. (359) Le dîner dans la grande salle du Palais. Voyez, pour les planches 356 à 359, l'article ENTRÉES ROYALES, t. VII, p. 389 et suiv.

360. (360) Convoi de la reine Jeanne de Bourbon, d'après une miniature du même manuscrit.

361. (361) Mort de du Guesclin, d'après le même manuscrit. Voy. DU GUESCLIN, t. VI, p. 760 et suiv., et CHATEAUNEUF-RANDON, t. V, p. 38.

362. (362) Couronnement de Charles VI, d'après une vignette du manuscrit des Chroniques de Saint-Denis. Voy. SACRE ET COURONNEMENT DES ROIS, t. XII, p. 241.

363. (363) Sceau de ce prince : ✠ KAROLVS : DEI : GRACIA : FRANCORVM : REX.

364. (364) Isabeau de Bavière et deux dames de sa cour, d'après un dessin de la collection Gaignières. Voy. la biographie de cette princesse, t. IX, p. 630, et les articles COSTUMES, t. VI, p. 137, et COIFFURE, t. V, p. 267.

365. (365) Louis II, duc de Bourbon, comte de Clermont, armé en guerre, et son écuyer, d'après une miniature du livre des *Hommages du Beauvoisis*. Voy. BOURBON (maison de), t. III, p. 216.

366. (366) Sceau de Jean sans Peur, duc de Bourgogne (S. IOHIS DVCIS. BVRGNDIE. COMITIS. FLANDRIE : ARTHESIE. BVRGVNDIE PALATINI. DNS. D. SALINIS. MACHLINI ; *sceau de Jean, duc de Bourgogne, comte de Flandre, d'Artois, de Bourgogne palatine* (Franche-Comté), *seigneur de Salins et de Male.*)

NUMISMATIQUE.

367. (411) Monnaies du quatorzième siècle.

N° 1. PHILIPPUS. DEI. GRACIA; dans le champ, un roi couronné, assis sur un pliant orné de têtes de serpent, et tenant d'une main un sceptre, de l'autre une fleur de lis.

℞. — ✠ FRACORUM. REX; dans le champ, une croix fleuronnée et cantonnée de quatre fleurs de lis; grènetis au pourtour.

Petit royal d'or de Philippe le Bel. Voy. t. XI, p. 536.

N° 2. BURGENSIS; dans le champ, FOR TIS, et au-dessus une couronne.

℞. — ✠ PHILIPPUS REX, entre grènetis; dans le champ, une croix à longue queue, fleuronnée et emmanchée.

Bourgeois fort de Philippe le Bel. Voy. t. XI, p. 537, et t. III, p. 251.

N° 3. ✠ PHILIPPUS REX; dans le champ, FRA.

℞. PARISIVS CIVIS, entre grènetis; dans le champ, une croix à branches égales.

Parisis de Philippe VI. Voyez tom. XI, p. 540.

N° 4. ✠ S. IOHANNES. B; dans le champ, la figure de saint Jean-Baptiste.

℞. ✠ KAROLV. REX; dans le champ, une fleur de lis épanouie.

Florin de Hongrie, frappé par le roi Charles Robert, vulgairement appelé Charobert, et attribué à tort à Charles IV ou à Charles V.

N° 5. ✠ IOHES. DEI : GRA : REX : FRANCIE; une couronne dans le champ.

℞. — BND : SIT NOM [DN N I] UXP; dans un cartouche, une croix à branches égales.

Blanc de billon à la couronne, frappé par le roi Jean.

N° 6. Bordure formée de onze fleurs de lis placées en cercle et entre croissants; TVRONVS CIVIS; dans le champ un châtel surmonté d'une couronne.

℞. — ✠ BNDICTV : SIT : NOME....: (*Benedictum sit nomen Domini nostri Jesu Christi*), en première légende; ✠ KAROLVS REX en deuxième légende; croix à branches égales dans le champ.

Gros tournois de Charles V. Voyez t. IV, p. 545.

MONUMENTS RELIGIEUX.

368. (377) Eglise de l'abbaye de Saint-Ouen à Rouen.

Cette abbaye, la plus ancienne de la Normandie, fut fondée sous le règne de Clotaire. Brûlée et détruite à différentes reprises, elle fut reconstruite une dernière fois, en 1318, par l'abbé Jean Roussel, dit *Marc d'argent*, avec les libéralités du comte Charles de Valois (voy. t. XII, p. 798). La longueur de la basilique est de 135 m. 13 c. dans œuvre; sa largeur, y compris les bas-côtés, de 25 m. 33 c.; sa hauteur, de 32 m. 48 c. sous clef de voûte. Au centre de l'édifice s'élève une tour, d'abord carrée, puis octogone, de 77 m. 96 c. au-dessus du sol.

369. (378) Eglise à Thann (Haut-Rhin).

370. (378 A 355) Abside de cette église.

Cette église, dédiée à saint Thibaut, est construite dans le même style que la cathédrale de Strasbourg. La première pierre fut posée en 1340; la flèche, qui s'élève jusqu'à 97 m. 45 c. au-dessus du sol, ne fut achevée qu'en 1516.

371. (379) Cathédrale de Bourges.

La construction de cette église, qui est dédiée à saint Etienne, fut commencée en 845, mais elle ne fut terminée que plusieurs siècles après. La plus haute des deux tours, élevée en 1507, sur l'emplacement d'une autre qui s'était écroulée l'année précédente, fut achevée seulement en 1538. Cette tour a 64 m. 64 c. de hauteur jusqu'à la plate-forme, et 71 m. 96 c. jusqu'au pélican placé au-dessus de l'horloge. On la nomme la *Tour neuve* ou la *Tour de beurre*, parce qu'elle a été bâtie avec le produit des sommes payées par les fidèles pour obtenir la permission de manger du beurre pendant le carême. La *vieille tour*, nommée aussi la *Tour sourde*, parce qu'elle ne contient pas de cloches, n'a que 51 m. 32 c. de haut. On a construit pour la soutenir un énorme pilier et une arcade voûtée, que l'on regarde comme un chef-d'œuvre d'architecture.

L'intérieur de l'église se compose de cinq nefs; sa longueur totale est de 113 m. 36 c.; sa largeur de 39 m. 95 c. La nef principale a 37 m. 03 c. de hauteur sous clef, et 12 m. 34 c. de largeur d'une colonne à l'autre.

372. (380) Façade de l'église de l'abbaye de la Chaise-Dieu (Haute-Loire), d'après le baron Taylor, *Auvergne*.

373. (381) Danse macabre, d'après les peintures du chœur de cette église. Voy. t. VI, p. 335.

374. (382) Tour de Clément VI, à l'abbaye de la Chaise-Dieu. Voyez t. IV, p. 403.

375. (383) Saint-Nazaire, cathédrale de Béziers, d'après le baron Taylor, *Languedoc*, pl. 247 *bis*.

376. (384) Portail de cette église, d'après le même auteur, pl. 248.

377. (385) Ancienne église du Saint-Sépulcre, à Paris, d'après Millin, *Antiquités nationales*, t. III.

Cette église avait été construite en 1326.

378. (386) Cathédrale à Saint-Pol de Léon (Finistère).

Cette église est un édifice de la fin du quatorzième siècle, bâti sur un plan régulier, mais dont le style se ressent de la décadence de l'architecture gothique; rien n'y est léger, élégant ni hardi. Les arcades des bas-côtés sont basses, la nef peu élevée; les deux clochers qui surmontent le portail manquent de légèreté.

379. (387) Eglise de Kreizker (en breton, *du milieu de la ville*), à Saint-Pol de Léon.

Cet édifice, construit au quatorzième siècle, par le duc de Bretagne Jean IV, est le plus remarquable de la ville; Vauban regardait la tour comme la construction la plus hardie qu'il eût jamais vue. En effet, cette tour, entièrement construite en granit, et qui a 120 m. 18 c. de hauteur totale, ne porte que sur quatre piliers taillés en forme de faisceau de petites colonnes, et qui n'ont que 3 m. 08 c. de diamètre.

380. (388) Portail du quatorzième siècle, à la cathédrale de Bayeux.

L'ancienne cathédrale de Bayeux fut incendiée en 1106. On éleva aussitôt celle qui subsiste encore aujourd'hui, sur le même emplacement, et en faisant usage des parties de l'ancien édifice que le feu n'avait pas entièrement détruites. Les arcades de la nef étaient dans ce cas, car les antiquaires y reconnaissent tous les caractères des constructions du onzième siècle. Le portail est surmonté de deux pyramides de 74 m. 71 c. de hauteur; celle du nord a été élevée en même temps que l'église; celle du midi est de 1424. Au-dessus du chœur s'élève une tour-octogone de 72 m. 76 c. de hauteur, terminée par une lanterne que supportent huit élégants piliers. Cette tour date de 1714.

381. (390) Eglise d'Écouis (Eure), fondée, en 1310, par Enguerrand de Marigny. Voy. t. VII, p. 82.

382. (408-390 A) Tour de Saint-Pierre, à Caen.

La fondation de cette église est attribuée à saint Regnobert; mais il reste aujourd'hui peu de chose de l'église primitive. La tour a été bâtie en 1308, ainsi qu'une partie de la nef et les trois portails. Cette tour est toute en pierre et elle repose sur quatre piliers, dont la légèreté est loin de faire supposer le poids énorme qu'ils supportent.

383. (391) Restes de l'abbaye de Marmoutiers (Indre-et-Loir). Voy. t. X, p. 644.

384. (392) Cloître de l'abbaye de Saint-Jean des Vignes, à Soissons.

385. (413) N° 1. Sceau de l'Université, com-

muniqué par M. Guénébault; on y lit en légende : S'. VNIVERSITATIS. MAGISTRORV. ET. SCOLARIV. PARISIVS; n° 2. Crosse émaillée; n° 3. Crosse dorée.

386. (412) Pierre antique représentant Jupiter, avec une monture du temps de Charles V, donnée par ce prince, comme un *saint Jean l'Évangéliste*, à la cathédrale de Chartres; conservée aujourd'hui au cabinet des antiques de la Bibliothèque du roi. On lit sur la monture : ✝ *Charles. roy. de. France. fils. du. roy. Jehan. donna. ce. jouyau. l'an. m.ccc.lxviii. le. quar. an. de. son. règne.*

MONUMENTS PUBLICS.

387. (403) Hôtel de ville de Vendôme (Loir-et-Cher). Voy. t. XII, p. 847.

388. (409) Fontaine de la Croix de pierre, à Rouen, d'après le baron Taylor, *Normandie*, II, pl. 168.

PALAIS.

389. (393) Le Louvre sous Charles V, d'après le *Musée de sculpture ancienne et moderne*, du comte de Clarac. Voy. l'art. PARIS, t. XI, p. 371 et suiv.

390. (394) Château de Vincennes sous Charles V, d'après Millin, *Antiquités nationales*, t. II.

391. (406) Palais des papes, à Avignon, d'après le baron Taylor.

Ce palais, bâti sur le penchant méridional du rocher des Dons, a été élevé par plusieurs des papes qui résidèrent à Avignon, dans le quatorzième siècle. Sa grandeur, son élévation, ses tours, l'épaisseur de ses murs, cette architecture sans suite, sans régularité, sans symétrie, étonnent le spectateur. L'ancienne demeure des souverains pontifes est aujourd'hui transformée en caserne et en prison, mais tout n'a point été employé à cette double destination, et bon nombre de salles sont encore inhabitées. Quelques-unes contiennent des peintures précieuses pour l'histoire des arts en France. Voyez AVIGNON, t. I, p. 481, et PEINTURE, t. XI, p. 473.

392. (407 A 367) Restes du palais des ducs de Normandie, à Caen.

MONUMENTS PRIVÉS.

393. (407) Hôtel de Sens, rue du Figuier-Saint-Paul, à Paris.

Cet hôtel fut habité par Charles V.

394. (417) Tour du pape Jean XXII, à Cahors, d'après le baron Taylor, *Languedoc*. Voyez t. III, p. 555.

MOEURS ET COUTUMES.

Costumes, mœurs.

395. (371) La Table ronde, d'après une miniature du manuscrit du roman de *Lancelot du Lac*. On lit sur le siége placé au haut de la table, et qui est inoccupé : CI EST LI SIEGE GALAZ.

396. (282) Saint Louis et sergents d'armes en habit civil, d'après une pierre provenant de l'église du monastère de Sainte-Catherine du Val des Écoliers.

Ce monument représentait la fondation de ce monastère par les sergents d'armes, en mémoire de la victoire de Bouvines. Ce fut saint Louis qui posa la première pierre de cet édifice.

397. (283) Religieux et sergents d'armes en costume de guerre, d'après le même monument. Ces deux pierres, gravées en creux, sont un travail de la fin du XIVe siècle, et représentent des costumes de cette époque. Voir la description de ce monument, par M. Pottier, *texte des Monuments inédits de Willemin*, pag. 75.

398. (368) Gaston Phébus montre comment on doit huer et corner;

399. (369) Comment on doit chasser et prendre le sanglier;

400. (370) Comment on doit le défaire.

Miniatures du manuscrit des *Déduits de chasse de Gaston Phœbus*, n° 7090 des Ms. fr. de la Bibliothèque du roi. Voy. CHASSE, t. V, p. 14, et FOIX (comtes de), t. VIII, p. 186 et suiv.

401. (374) Noce de village sous Charles V, d'après une miniature d'un manuscrit de la Bibliothèque du roi, intitulé : *les Plaisirs de la vie rustique*.

402. (375) Cartes exécutées pour le roi Charles VI, par Jacquemin Gringonneur, d'après Willemin. Voy. CARTES A JOUER, t. IV, p. 214.

403. (376) Combat du chien d'Aubry de Montdidier (voy. ce nom, t. I, p. 414) contre Macaire, assassin de ce chevalier, d'après Montfaucon, *Monuments de la monarchie française*, t. III, pl. 70.

Ce sujet était représenté en bas-relief, sur une des cheminées de la salle des gardes, au château de Montargis.

404. (373) Navigation, d'après le même manuscrit.

405. (414) Meubles du quatorzième siècle.

MONUMENTS MILITAIRES.

406. (395) La Bastille, d'après un dessin de M. Ernest Breton.

407. (396) Plan de la Bastille.

1. Tour du puits.
2. Tour du coin.
3. Tour de la chapelle.
4. Tour du trésor.
5. Tour de la comté.
6. Tour de la Basinière.
7. Tour de la Bertaudière.
8. Tour de la liberté.
9. Petite cour ou cour du puits.
10. Grande cour.

11. Chapelle.
12. Bibliothèque.
13. Salle du conseil.
14. Porte d'entrée.
15. Ancienne entrée.
16. Logement de l'état-major.
17. Pont-levis.
18. Corps de garde.

408. (397) Cachot dans lequel fut enfermé le Masque de fer. Voy. l'article BASTILLE, t. II, p. 180.

409. (398) Château de Clisson, d'après le comte de Laborde.

410. (399) Remparts.

411. (400) Salles basses de cette forteresse.

412. (401) Château de Pierrefont, d'après M. de Caumont. Voy. t. X, p. 595.

413. (402) Château d'Espaly (Haute-Loire), d'après le baron Taylor, *Auvergne*, II, 168 *bis*.

Suivant quelques auteurs, c'est dans ce château que Charles VII apprit la mort de son père, et qu'il fut proclamé roi le 28 octobre 1422. Voy. t. IV, p. 546.

414. (404) Porte d'Orange, à Carpentras (Vaucluse), d'après un dessin de M. Ernest Breton.

415. (405) Le Castillet, à Perpignan, d'après le baron Taylor.

416. (410) Château de Foix.

Ce château est composé de trois grandes tours, construites en grès, et s'élevant à une hauteur considérable, sur le rocher qui borne à l'ouest la ville de Foix. Deux de ces tours sont carrées, l'autre est ronde. Les substructions de celle du nord paraissent remonter à l'époque romaine, et la tour elle-même est très-ancienne : quelques auteurs placent au règne de Dagobert l'époque de sa construction ; celle du milieu a dû être construite par un des premiers comtes de Foix ; la tour ronde est la moins ancienne des trois ; elle ne date que du quatorzième siècle, et l'on croit qu'elle a été fondée par Gaston Phœbus. Cette forteresse sert aujourd'hui de prison. Voyez FOIX, t. VIII, p. 182 et suiv.

417. (416) Détails d'architecture du XIVe siècle, d'après M. Ernest Breton.

Armes et costumes militaires.

418. (415) Armes du quatorzième siècle.
1, 2 et 3. Heaumes. Voy. t. IV, p. 229.
4. Epée. Voy. t. VII, p. 405.
5. Lance. Voy. t. X, p. 26.
6. Haubert. Voy. t. IX, p. 340.
7. Ecu. Voy. t. VII, p. 87.
8. Cuirasse. Voy. t. VI, p. 266.
9. Poignard.
10. Selle.
11. Gantelet.
Voy. l'art. ARMURES, t. I, p. 351.

419. (372) Chevaliers combattant, d'après une miniature du manuscrit de *Lancelot du Lac*.

FIN DE LA DEUXIÈME PARTIE.

Sceaux, 1. de Robert, 2. de Henri 1er

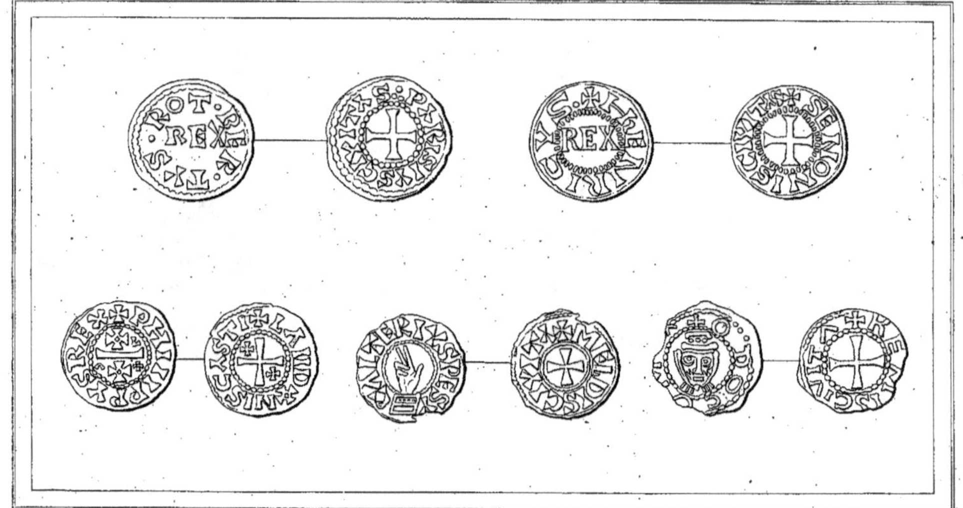

Médailles et Monnaies du XIe Siècle. Medallas y Monedas del Siglo XI.

7 France.

Gaucherel, del. Lemaitre, direxit.

Eglise S.t Saturnin à Toulouse.

Gaucherel del. Lemaitre direxit.

Façade de l'Eglise de l'Abbaye de Tournus.

Église de Serrabone. (Roussillon.)

Gaucherel del. Lemaitre direxit

Portail de l'Eglise de Nantua.

Puerta principal de la Iglesia de Nantua.

Sculptures, détails de l'Église de Nantua.

Esculturas, detalles de la Iglesia de Nantua.

5 Mètres

Lemaître direxit

Eglise de Planès (Languedoc)

Gaucherel, del. Lemaitre, direxit.

Abside de Notre Dame du Port à Clermont.

Face latérale de Notre-Dame du Port à Clermont.

Gaucherel del. Lemaître direxit.

Pignon de la Croix de Notre-Dame du Port à Clermont

Intérieur de Notre Dame du Port à Clermont

Vormser del. Lemaitre direxit

Église souterraine de Notre-Dame du Port à Clermont

Gaucherel del — Lemaitre direxit

Grand Escalier de l'Eglise Notre Dame au Puy.

Gaucherel del. Lemaître direxit

Notre Dame au Puy.

Gaucherel del. Lemaitre direxit

Cloître de Notre Dame du Puy.

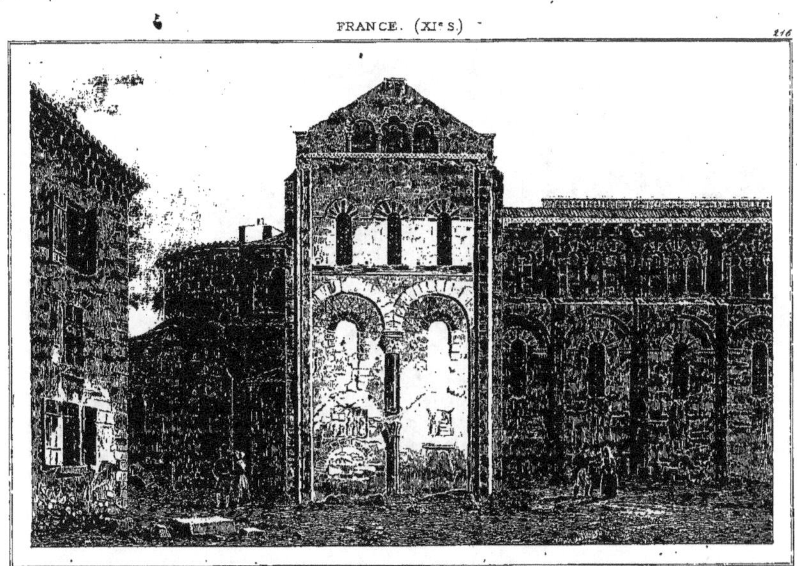

Vue latérale de l'Eglise d'Issoire.

Bauchard, del. — Lemaître, direx.

Abside de l'Église d'Issoire.

Église de Royat.

Gaucherel, del. Lemaitre, direxit.

Portail de la Chapelle St. Michel au Puy.

Kinnewel, del.   Lemaitre, direxit.

Cathédrale de Trèves.

Gaucherel del. Lemaitre direxit.

St Germain des Prés à Paris.

Gaucherel, del. Lemaitre, direxit.

St Etienne à Caen.

(Abbaye aux Hommes.)

Gaucherel del. Lemaître direxit.

St Georges de Boscherville.

Gaucherel del. Lemaitre direxit.

Abside de St Georges de Boscherville.

Cloître de Saint-Bertrand de Comminges.

Claustro de San Bertran de Cominges.

Festins. (D'après la Tapisserie de Bayeux.)

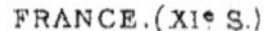

Navigation. (d'après la Tapisserie de Bayeux)

Batailles. (d'après la Tapisserie de Bayeux.)

Vernier, del.

Lemaitre, direxit.

Pièces d'un Echiquier du XI.e S. (Conservées à la B. R.ale)

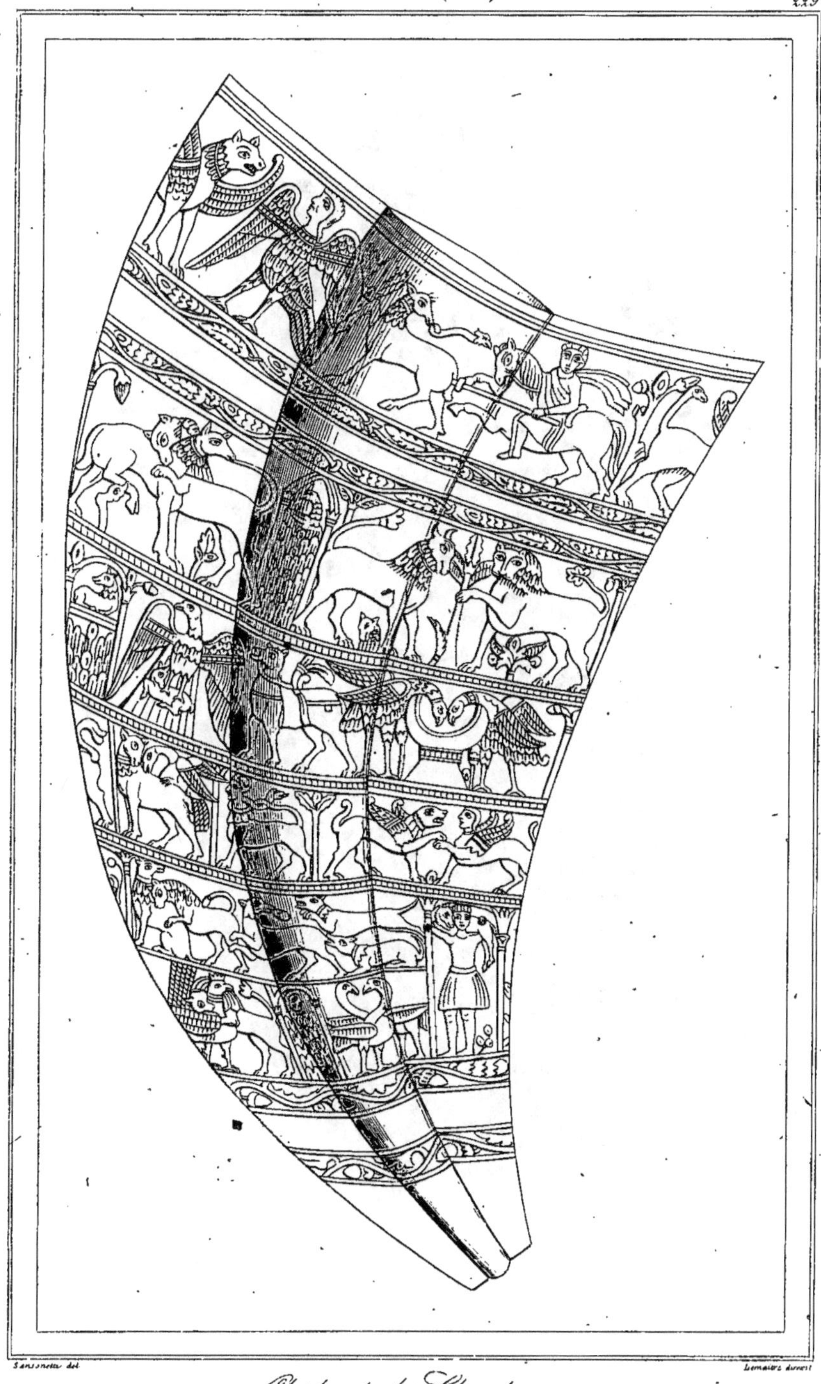

Sansonetti del. Lemaitre direxit

Oliphant des Chevaliers.
(Cabinet de M. le Duc de Luynes)

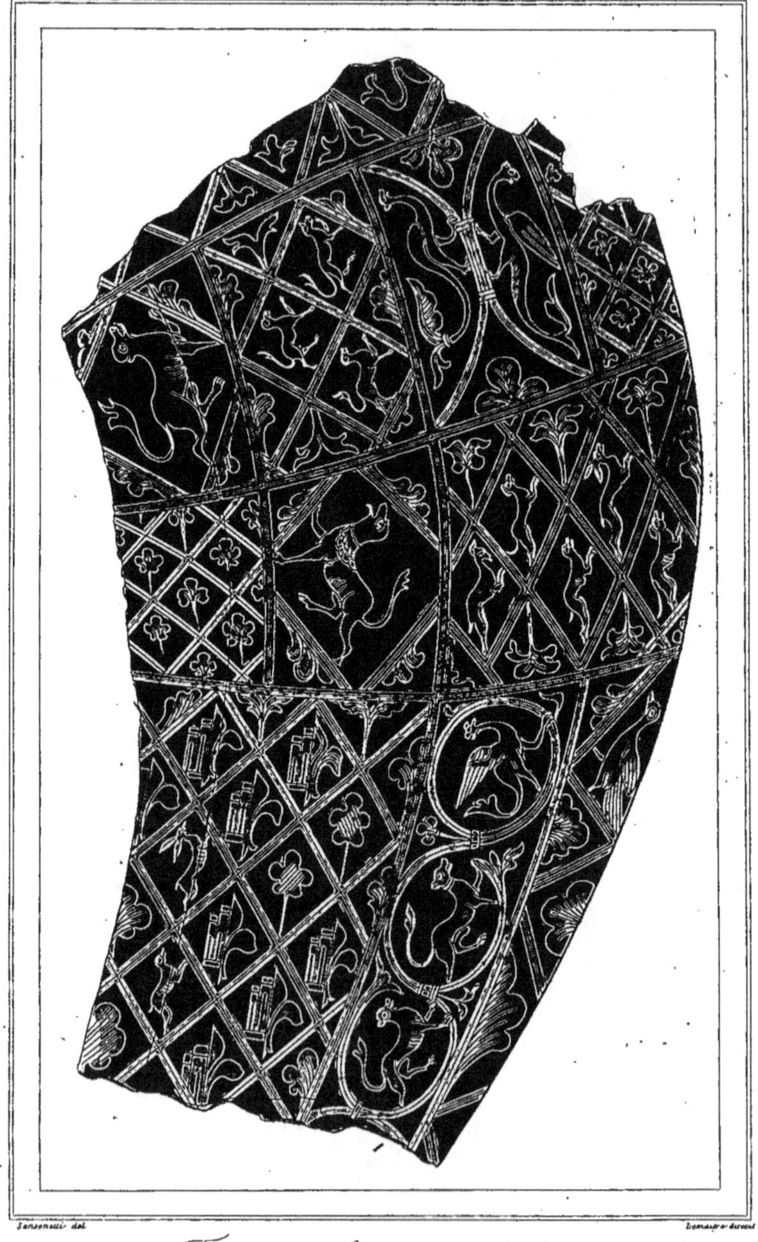

Sansonetti del. — Lemaitre direxit

Fragment du fourreau de l'Oliphant.

(Cabinet de Mr le Duc de Luynes)

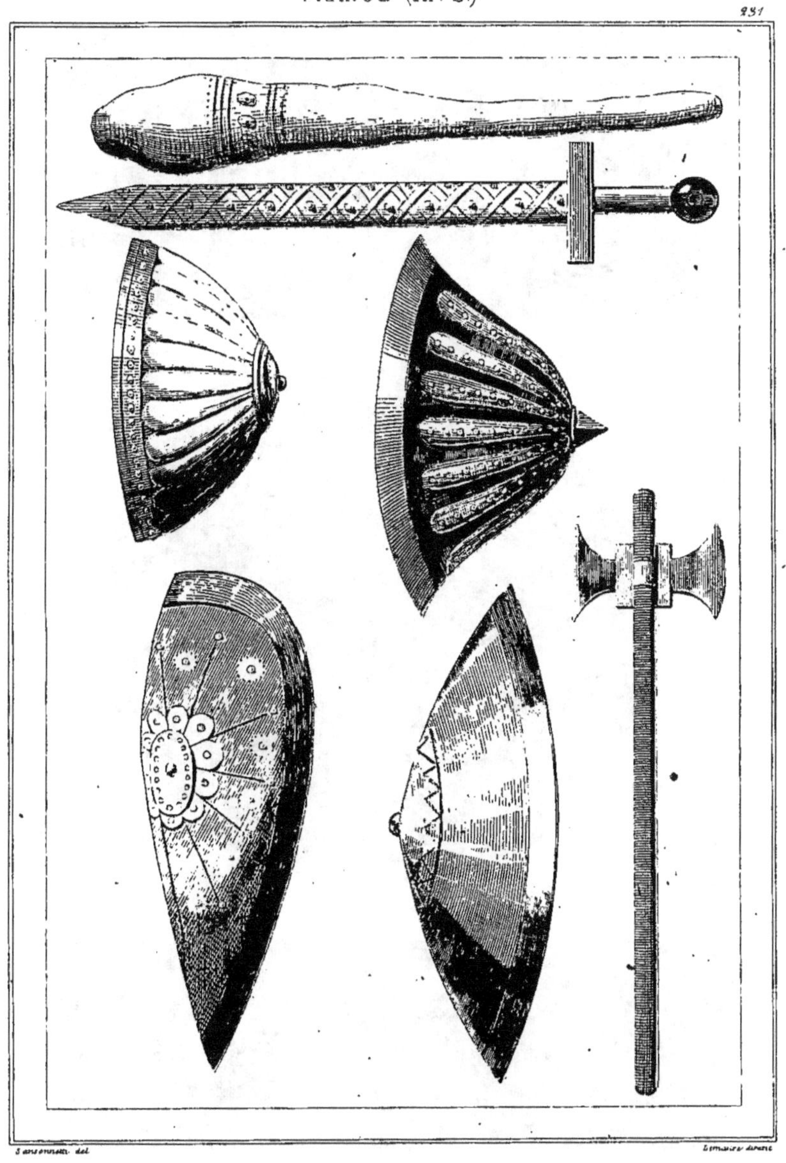

Sansonnetti del.   Lemaitre direxit

Armes du XI.e Siècle.

Sceau de Louis VI. (le gros).

Maret del. Lemaitre direxit

Sceau de Louis VII. Sello de Luis VII.

Vernier del.   Lemaitre direxit.

Sceau de Philippe Auguste.

Sello de Felipe - Augusto.

Vernier, del. Lemaître, direxit.

Philippe Auguste.

Rois et Reines.

Statues du Portail occidental de la Cathédrale de Chartres.

Reyes y Reinas.

Estatuas de la Puerta occidental de la Catedral de Chartres.

Vernier del. Lemaître direxit.

Reines et Princesses.

Statues du Portail occidental de la Cathédrale de Chartres.

Reinas y Princesas.

Estatuas de la Puerta occidental de la Catedral de Chartres.

Vernier del. Lemaître direxit.

Évêque et Diacres

Statues du Portail méridional de la Cathédrale de Chartres.

Obispo y Diáconos

Estatuas de la Puerta meridional de la Catedral de Chartres.

Ecclésiastiques, d'après un Manuscrit Latin. (B.R.)

Eclesiásticos, Segun un Manuscrito Latin.

Vernier del. Lemaire direxit.

1. Hélie, Comte du Maine, 2. Eudes, Comte de Chartres.

Vernier del. Lemaitre direxit

Geoffroy de Bel. Godofre el Hermoso.

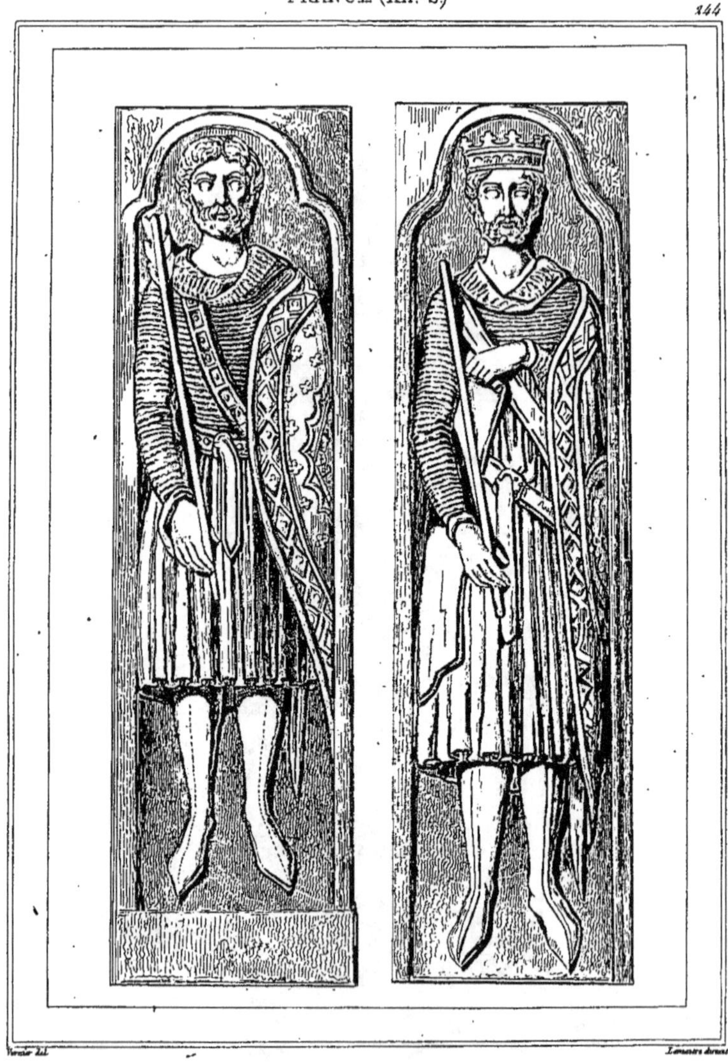

Vernier del. Lemaitre direxit

Ducs de Normandie.

1. Thibaut sixième Comte de Blois. 2. Louis de Sancerre de la même maison. (Vitraux de la Cath.ᵉ de Chartres)

Vernier del.

Lemaître direxit

Sceau de Gonthier Clabaut, maire d'Abbeville.

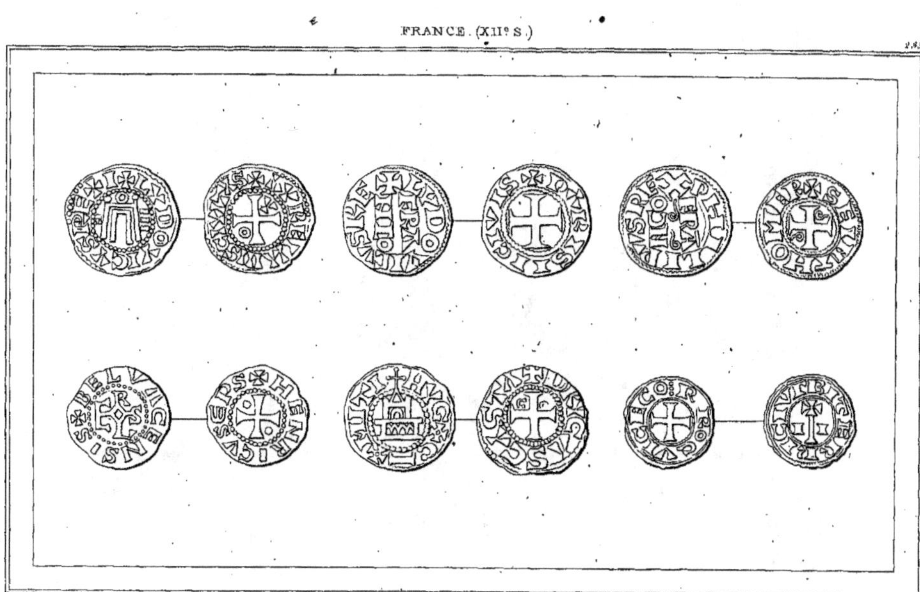

Muret del. Lemaître direxit.

Monnaies du XIIe S.

Guillaumot del. Lemaître direxit

Portail de St. Trophime à Arles.

Puerta principal de San Trofimo en Arles.

Façade de l'Église S.t Gilles. (Gard)

Façade de l'Abbaye de Moissac.

Gaucherel del. Lemaitre direxit

Cathédrale d'Angoulême.

Guillaumot, del. Lemaitre direxit.

Notre Dame la grande à Poitiers.

Guillaumot del. — Lemaitre direxit

Portail de l'Eglise de Civrai.

Eglise d'Ainay à Lyon. Iglesia de Ainay en Leon.

Gaucherel del.

Lemaitre dir. sculp.

Eglise de Truas.

Abside de l'Eglise de Cruas.

Guillaumot del. Lemaitre direxit.

Abside St Jean, Cathédrale de Lyon.

Cathédrale de St Denis.

Catedral de San Dionisio.

Gaucherel del. Lemaitre direxit.

Eglise à Gebweiller.

Iglesia en Gebviler.

Gaucherel, del. Lemaitre direxit

Ancien Portail de l'Eglise Ste Geneviève à Paris.

255.C.272

Gaucherel del. — Lemaitre direxit.

Abside de l'Église de Montmartre.

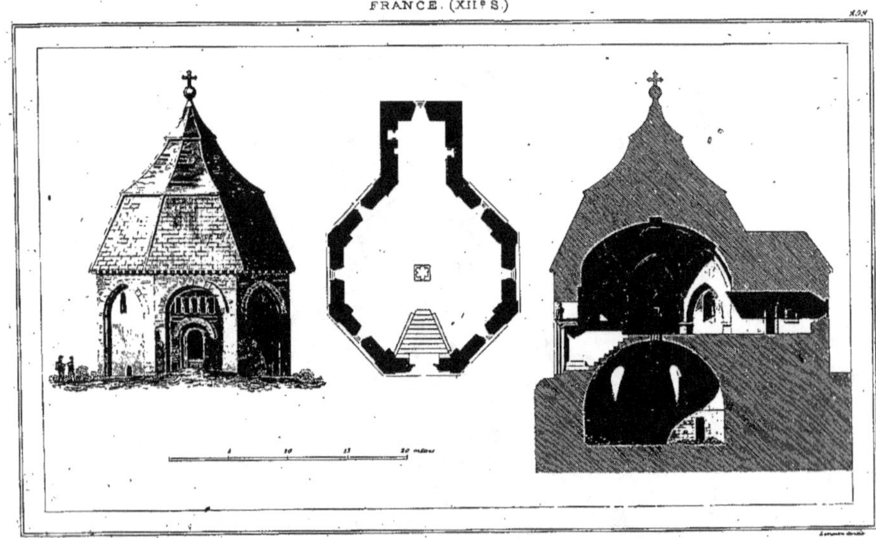

Monument à Montmorillon.

Sculptures du Monument de Montmorillon.

Cloître de l'Abbaye de Moissac. Claustro de la Abadia de Moisac.

Gaucherel del. Lemaitre direxit

Châsse émaillée conservée à la Cathédrale de Chartres.

Pont d'Avignon.

Lemaître direxit

Pont de Pierre à Lyon.

Maisons du XIIe Siècle à Cologne

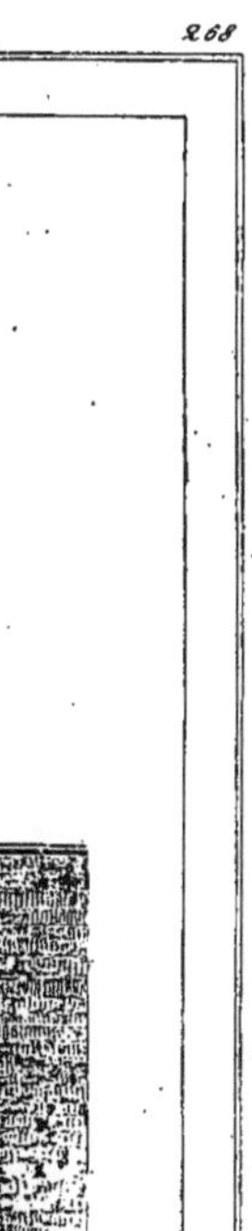

Gaucherel, del. Lemaitre direxit.

Maison du XIIe. Siècle à Cologne.

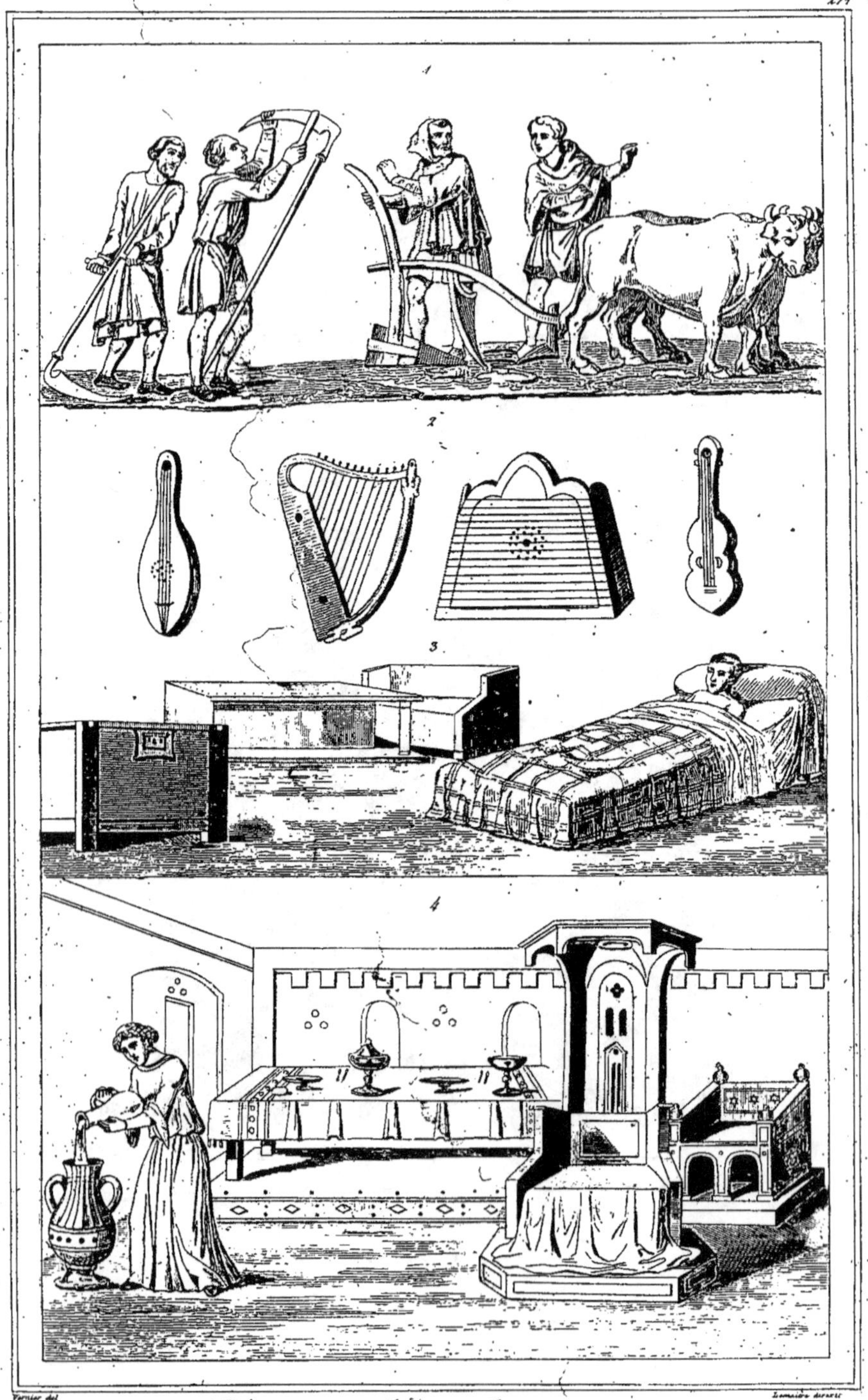

Vernier del.　　　　Lemaître direxit

Agriculture, Meubles, Musique. (M.S. de la B.R^ale)

Concert. (développement d'un Chapiteau à St Georges de Boscherville)

Gaucherel del. Lemaitre direxit.

Château de Loches.

Daucheret del. Lemaitre direxit.

Château Gaillard aux Andelys.

E. Breton del. Lemaître direxit

Château Gaillard aux Andelys.

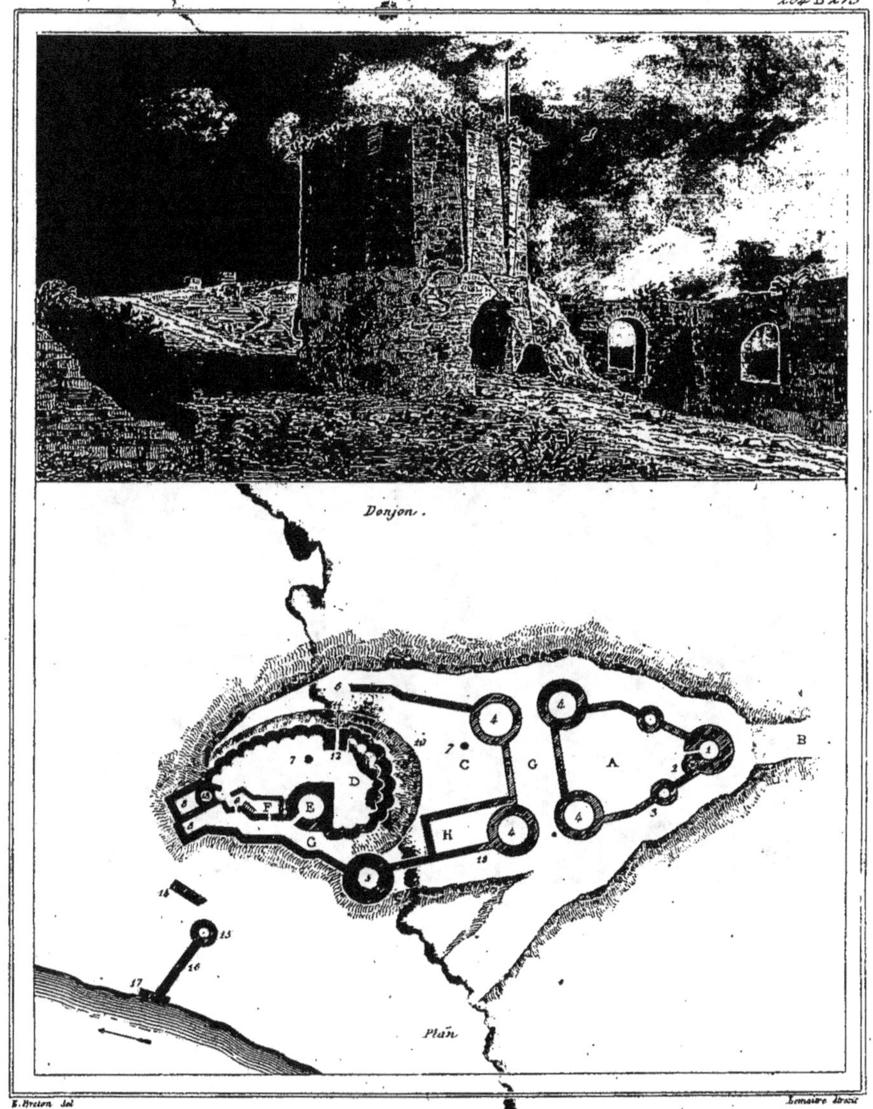

E. Breton del
Lemaître direxit

Château Gaillard.

E. Breton del. — Lemaître direxit

Crypte du Château Gaillard.

264 D.346

E. Breton, del. Lemaitre direxit.

Tour de l'Enceinte de Philippe Auguste, rue pavée, à Paris.

Château de Gisors

Château d'Arques.

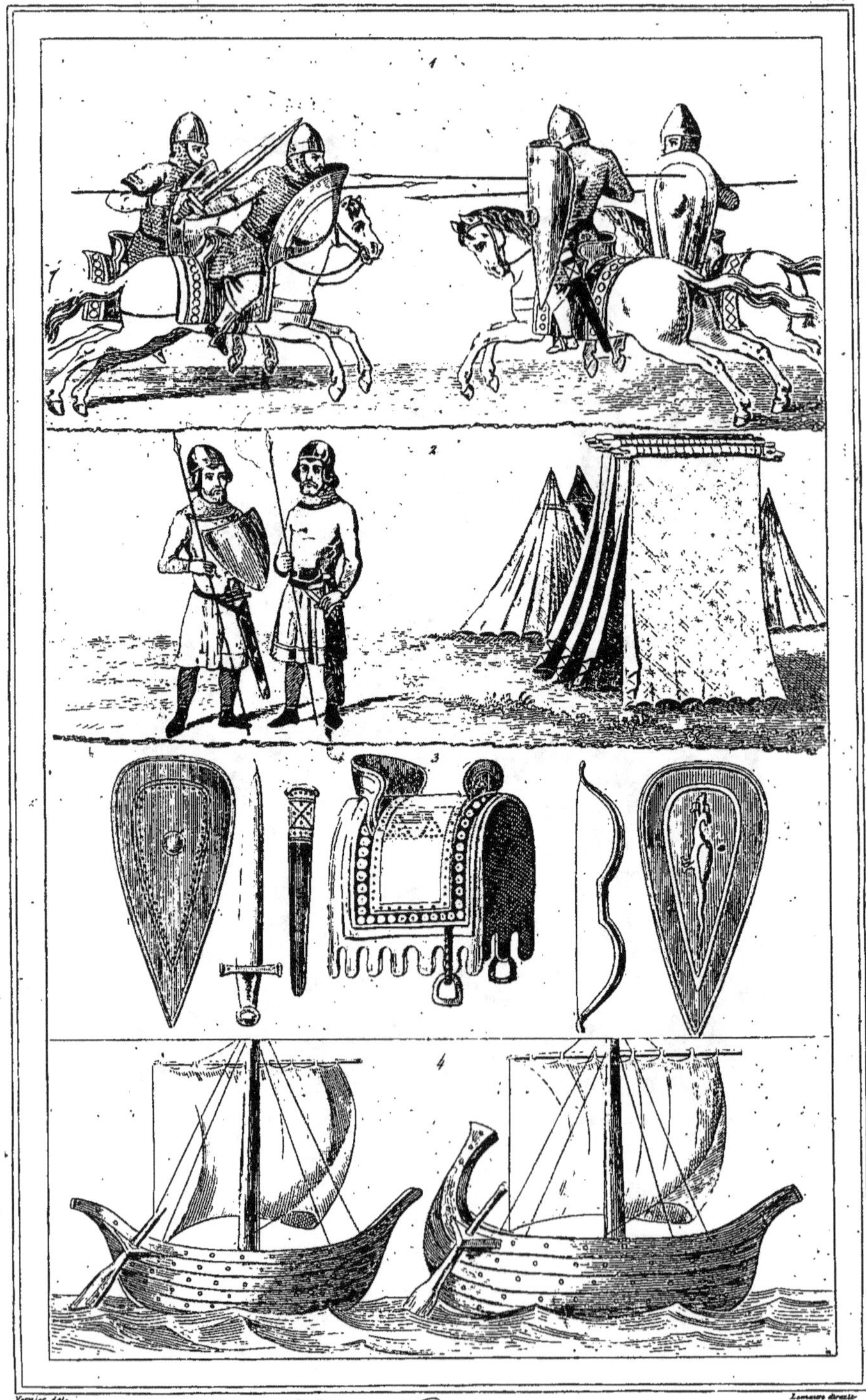

Vernier, del. Lemaitre direxit.

Armes, Navires. (M. S. de la B. R.ale)

Gaucherel del. Lemaitre direxit

Tombeau d'Héloïse et d'Abélard.

Vernier del. Lemaitre direxit

Sceau et Contre Sceau de Louis VIII

Vernier del. Lemaître direxit

1. Sceau de Louis IX. (Saint Louis)
2. Sceau de Louis IX. pendant la Croisade de 1269

Vernier del. Lemaître direxit

Saint Louis, sous le nom de Salomon

(Vitrail de la Cathédrale de Chartres)

Vernier del. Lemaître direxit

Marguerite de Provence.

Vernier del. Lemaitre direxit

Louis, fils aîné de S.t Louis.

Eglise S.t Louis, de Poissy. (de Gaignieres)

Croisades de St Louis (Vitraux de St Denys)

Croisade de St Louis. (Vitraux de St Denys)

Vernier del. Lemaitre direxit

Amaury VI. Comte de Montfort, Connestable de France, sous S.t Louis.
(Vitrail de la Cathédrale de Chartres)

Vernier del. Lemaitre direxit.

Jean de Montpoignant, Chevalier.

Pierre de Dreux dit Mauclerc. (Vitrail de la Cath. de Chartres)

Vernier del. Lemaitre direxit

Henri seigneur du Méz tenant l'Oriflamme des mains de S.t Denys

(Vitrail de la Cath.le de Chartres)

Vernier del. Lemaître direxit

Hugues, Vidame de Chaalons.

Vernier del. Lemaitre direxit.

Philippe d'Artois, Pierre Sire de Candoire.

Vernier, del. Lemaître, direxit.

Mahaut, Comtesse de Bologne.

(Vitrail de la Cathédrale de Chartres)

Vernier. del. Lemaitre direxit.

Sceau de Charles second, surnommé le Boiteux, Roi de Naples, de Sicile et de Jérusalem, Cte d'Anjou, du Maine, de Provence, et de Forcalquier. (mort en 1309.)

Muret del. Lemaitre direxit

Sceau de Philippe III, le hardi.

Sceau de Marie de Brabant.

Vernier del. Lemaitre direxit

Philippe IV. le bel.

(d'après Dutillet)

Vernier del.

Lemaître direxit

Philippe IV, le bel, reçoit Jehan de Mehun, dit Clopinel qui lui présente son livre de la Consolation, de Boëce.

Vernier del. Lemoine direxit

N. d'Escuyer, valet du Roi Philippe le bel.

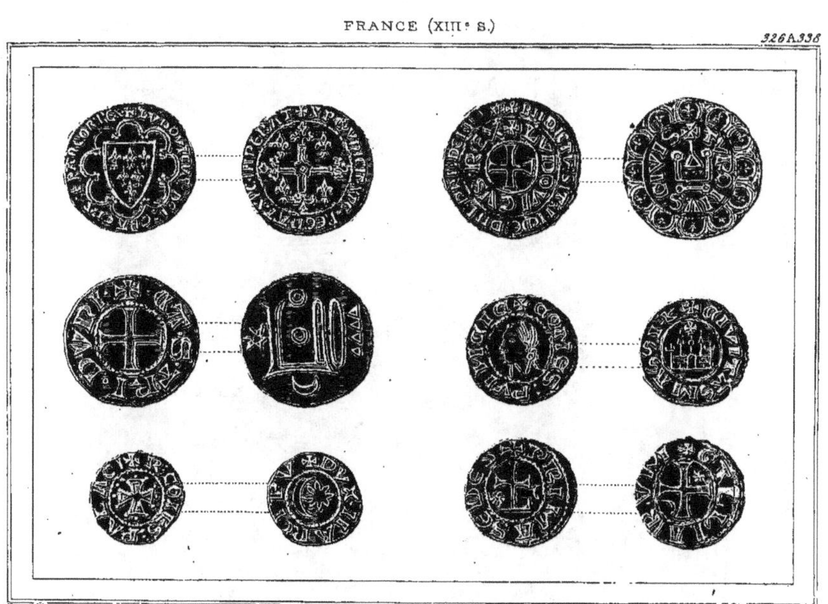

Vernier, del. — Lemaitre, direxit.

Monnaies du XIIIe Siècle.

Gaucherel del.   Lemaitre direxit

Notre Dame, Cathédrale de Paris.

Lemaître direxit

Portail Méridional de Notre Dame de Paris.

Gaucherel del. Lemaitre direxit.

Porte septentrionale de Notre Dame de Paris

Gaucherel del. Lemaitre direxit

Cathédrale de Chartres.

Guillaumot del. | Lemaitre direxit.

Porche septentrional de la Cathédrale de Chartres.

Gaucherel del. Lemaitre direxit

Cathédrale de Strasbourg.

E. Breton, del. Lemaitre, direxit.

Eglise à Noyon.

Gaucherel del. Lemaitre direxit

Cathédrale d'Amiens.

Portail de la Cathédrale d'Amiens.

Cathédrale de Reims.

Cathédrale de Coutances.

Gaucherel del. Lemaitre direxit.

Abside de la Cathédrale de Coutances.

Gaucherel, del. Lemaitre, direxit.

Cathédrale de Coutances.

Guillaumot, del. Lemaitre, direxit.

Eglise Notre Dame, à Dijon.

313

E. Breton — Lemaitre direxit

Cathédrale de Beauvais.

E. Breton, del. — Lemaitre, direxit.

Ruines de l'Église St. Thomas, à Beauvais.

Guillaumot del. Lemaitre direxit

La Sainte Chapelle, à Paris.

Gaucherel del. Lemaitre direxit

Chapelle du Château de Vincennes.

Gaucherel del. Lemaitre direxit.

Réfectoire de l'Abbaye S.t Martin des Champs à Paris.

Gaucherel del. Lemaître direxit

Chaire du réfectoire de l'Abbaye S^t. Martin des Champs.

E. Breton del. — Lemaitre direxit

Cloître St Trophime à Arles

FRANCE (XIIIe S.)

317 C 339

E. Breton, del. Lemaitre, direxit.

Cloître St Trophime à Arles.

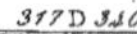

Gaucherel, del. Lemaître, direxit.

Cloître S.t Maurice à Vienne.

Cloître au Mont-Saint-Michel.

M. Breton del. Lemaitre direxit

Détails d'Architecture du XIII.e S.

Gaucherel del. — Lemaitre direxit

Châsse de Saint-Calmine, conservée dans l'Abbaye de Mauzac.

E. Breton, del. Lemaître, direxit.

Ciboire et Reliquaires émaillés.

Vormier, del. — Lemaitre, direxit.

Jugement dernier. (Vignette du Bréviare de S.t Denis.)

Vernier, del. Lemaitre, direxit.

Bas-relief du Tombeau de Dagobert, à St Denis.

E. Breton. del. Lemaitre, direxit.

Hôtel de Ville et Beffroi à Bordeaux.

Pont S.t Esprit sur le Rhône.

Aquéducs à Coutances et Abside de la Cathédrale.

Sceau de la Commune et de la Ville de Bayonne.

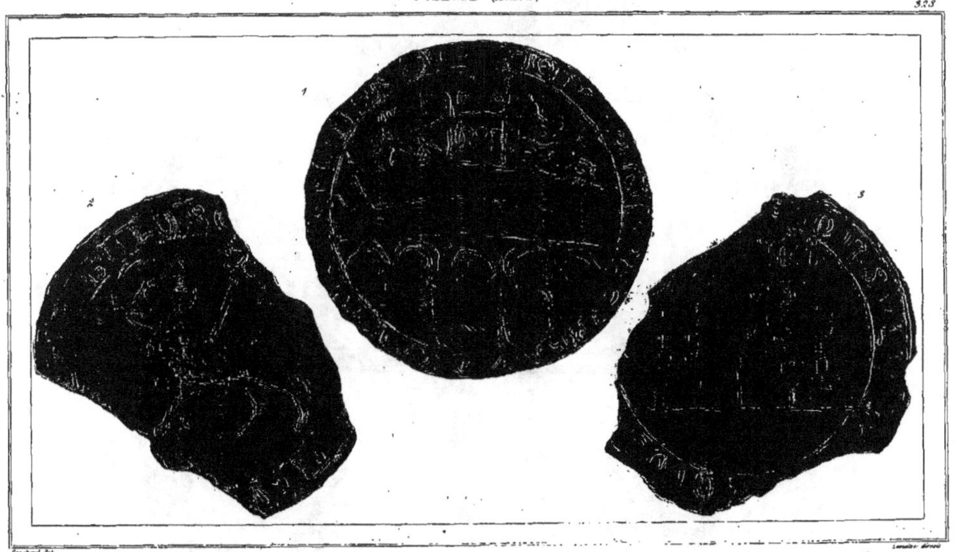

1. Sceau du Maire et des Echevins de la ville de Pontoise. 2. 3. Sceau et contre-sceau des Capitouls de Toulouse.

Gaucherel del. Lemaitre, direxit.

Maison du XIIIe S. à Louviers.

Vernier, del. Lemaitre, direxit.

Chasses. (D'après les Dessins du Livre du Roi Modus M. S.)

Vernier del. Lemaître direxit.

Lettres ornées.

Château d'Angers.

Château de Coucy

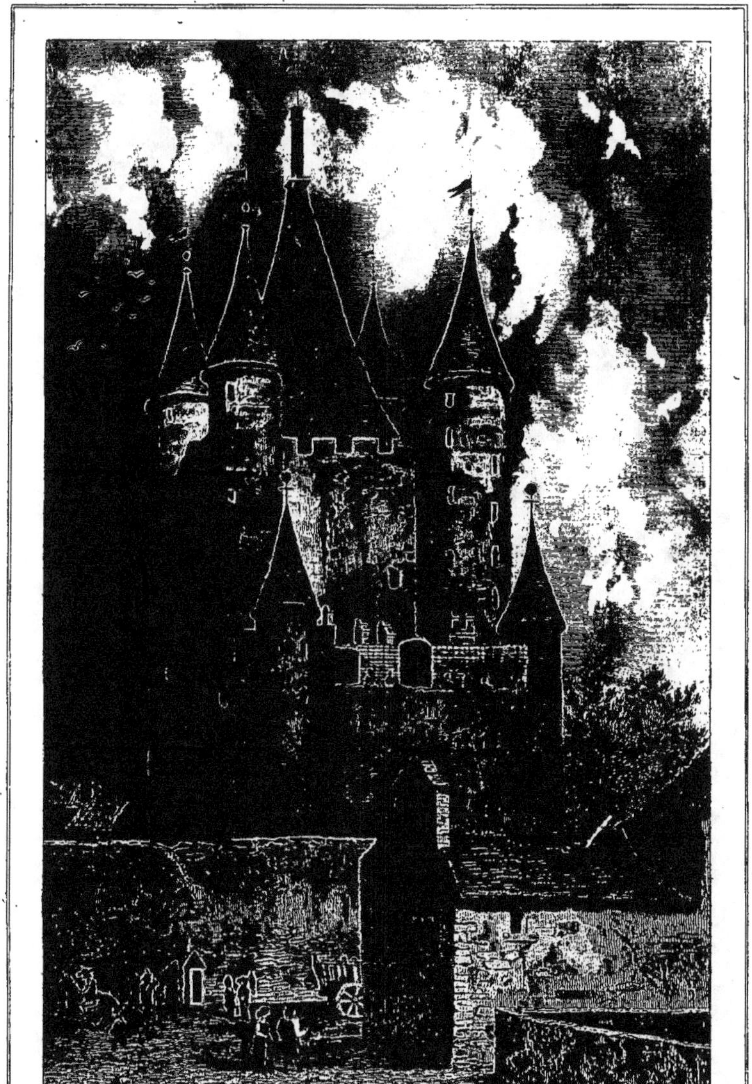

Gaucherel del. Lemaitre direxit.

La Tour du Temple. (Paris)

Gaucherel del.

Lemaitre direxit

Porte au Mont St. Michel.

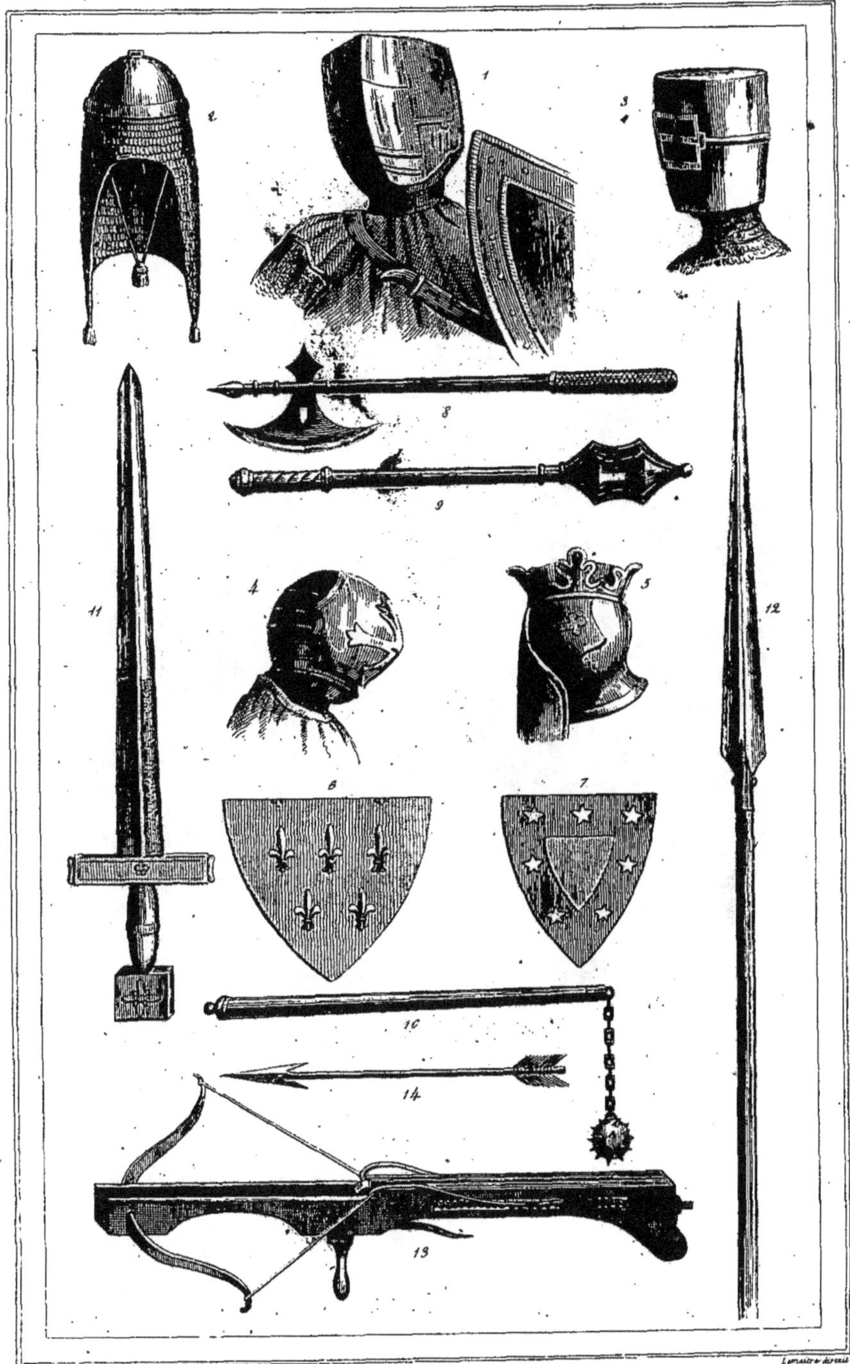

E. Breton del.

Lemaitre direxit

Armes.

1. Sceau de Louis X. 2. Sceau de Clémence, seconde femme de Louis X.

1. 2. Robert de France. 3. Béatrix de Bourgogne, sa femme.

Vernier, del. Lemaitre, direxit.

Philippe VI, dit Valois.

(Monument qui existait à Notre-Dame de Paris.)

Vernier, del. — Lemaitre, direxit.

Le Roi Jean. (d'après une Peinture conservée à la B. Rle.)

Vernier del. Lemaitre direxit

Charles V. 1364 + 1380.

Sceau de Charles V.

Vernier del. Lemaitre direxit

Charles V, et son valet de Chambre, Jean Vaudetar.

Vanier, del. — Lemaitre, direxit.

Voyage de l'Empereur Charles IV. en France. (Chroniques de S.t Denys. Manuscrit exécuté pour Charles V.)

Vernier del. — Lemaitre direxit.

Entrée de l'Empereur Charles IV à Paris.

Vernier del. Lemaître direxit

Visite de l'Empereur à la Reine à l'Hôtel St. Paul.

Vernier del. Lemaitre direxit.

Le dîner dans la grande salle du Palais.

Vernier del. Lemaître direxit

Convoi de la Reine.

Vernier del. Lemaitre direxit

Mort de Duguesclin.

(Chroniques de S.t Denys. M.S.)

Vernier. del. Lemaitre direxit

Couronnement du Roi Charles VI.

(Chroniques de S.t Denys. M.S.)

Vernier, del. Lemaitre direxit.

Sceaux de Charles VI.

Vernier, del. Lemaître, direxit.

Isabeau de Bavière.

Vernier del — Lemaitre direxit

Louis 2e duc de Bourbon, Comte de Clermont armé en guerre, suivi de son écuyer.

Vernier del. Lemaitre direxit

Sceau de Jean, sans peur, Duc de Bourgogne.

Monnaies du XIVᵉ Siècle.

Gaucherel. del. Lemaitre direxit

Saint-Ouen de Rouen.

Gaucherel . del . Lemaitre , direxit .

Église à Thann.

Gaucherel del. Lemaitre direxit.

Absides de l'Église de Thann.

Gaucherel, del. Lemaitre, direxit.

Cathédrale de Bourges.

Gaucherel, del.   Lemaitre, direxit.

Façade de l'Eglise de l'Abbaye de la Chaise Dieu

Danse Macabre. (D'après les peintures de l'Abbaye de la Chaise-Dieu)

Gaucherel del. Lemaitre direxit

Tour de Clément VI. à l'Abbaye de la Chaise-Dieu.

Guillaumot del. Lemaitre direxit

Saint-Nazaire, Cathédrale de Béziers.

Guillaumot del. Lemaître direxit

Portail de St Nazaire à Béziers.

Baucherel, del. Lemaitre, direxit.

Église du St Sépulchre, qui existait à Paris.

Gaucherel, del. Lemaitre, direxit.

Eglise Cathédrale à St Pol de Leon.

Gaucherel del. Lemaître direxit

Eglise de Creisker à Saint Pol de Léon.

Gaucherel del. Lemaitre direxit

Portail du XIVe S. à la Cathédrale de Bayeux.

E. Breton del.   Lemaitre direxit

Eglise d'Ecouis, fondée par Enguerrand de Marigny.

Tour de St Pierre à Caen

Gaucherel del.

Lemaître direxit

Restes de l'Abbaye de Marmoutiers.

A. Guilleminot, del. Lemaitre direxit

Cloître S.t Jean des Vignes à Soissons.

Vernier del — Lemaître direxit

Pierre antique avec monture du temps de Charles V, donnée par Charles V à la Cathédrale de Chartres (Jupiter transformé en St Jean.)

E. Breton, del. Lemaitre, direxit.

Hôtel de Ville de Vendôme.

Gaucherel, del. — Lemaitre, direxit.

Fontaine de la Croix de pierre, à Rouen.

Garneray del. — Lemaitre direxit

Le Louvre, sous Charles V.

Lemaitre direxit

Château de Vincennes, sous Charles V.

Palais des Papes à Avignon.

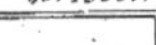

Restes du Palais Ducal à Caen.

Hôtel de Sens à Paris.

Guillaumot del.

Lemaitre direxit

Tour du Pape Jean XXII à Cahors.

La Table ronde. (Lancelot du Lac. M. S.)

Saint-Louis, Sergent d'Armes.

Vernier del.

Religieux, Sergents d'Armes.

Gaston Phébus, montre comment on doit Huer et Corner. (Chasses de Gaston Phébus)

Vernier del. Lemaitre direxit

Guston Phébus, montre comment on doit chasser et prendre le Sanglier. (Chasses de Gaston Phébus)

Vernier del. — Lemaître direxit

Gaston Phébus montre comment on doit défaire le Sanglier. (Chasses de Gaston Phébus)

Noce de Villages sous Charles V.

Vernier del. Lemaitre direxit

Cartes exécutées pour le Roi Charles VI. par Jacquemin Gringonneur.

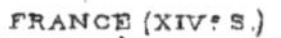

Vernier, del. Lemaître, direxit.

Combat du Chien de Montargis.

Vernier del. Lemaître direxit

Navigation. (Lancelot du Lac M.S.)

Gaucherel. del. Lemaitre direxit

Meubles du XIVe Siècle

La Bastille. Paris.

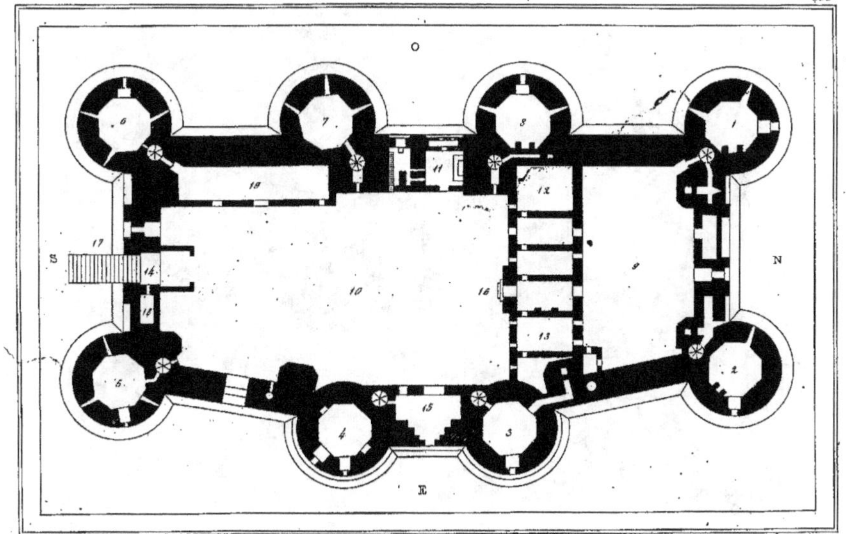

Plan de la Bastille.

E. Breton, del. — Lemaitre direxit

Cachot de la Bastille. (Celui dans lequel fut enfermé le Masque de fer.)

Gaucherel del. Lemaitre direxit

Château de Clisson.

Fauchery del. Lemaitre direxit

Les Remparts du Château de Clisson.

Gaucherel del. Lemaitre dir. sculp.

Salles basses du Château de Clisson.

Lemaître del.

Château de Pierrefont.

Bouchard del. Lemaitre direxit.

Château d'Espaly.

Porte d'Orange à Carpentras.

Le Castillet à Perpignan.

Gaucherel, del. Lemaitre, direxit.

Château de Foix.

E. Breton del. Lemaitre direxit.

Détails d'Architecture du XIVe Siècle.

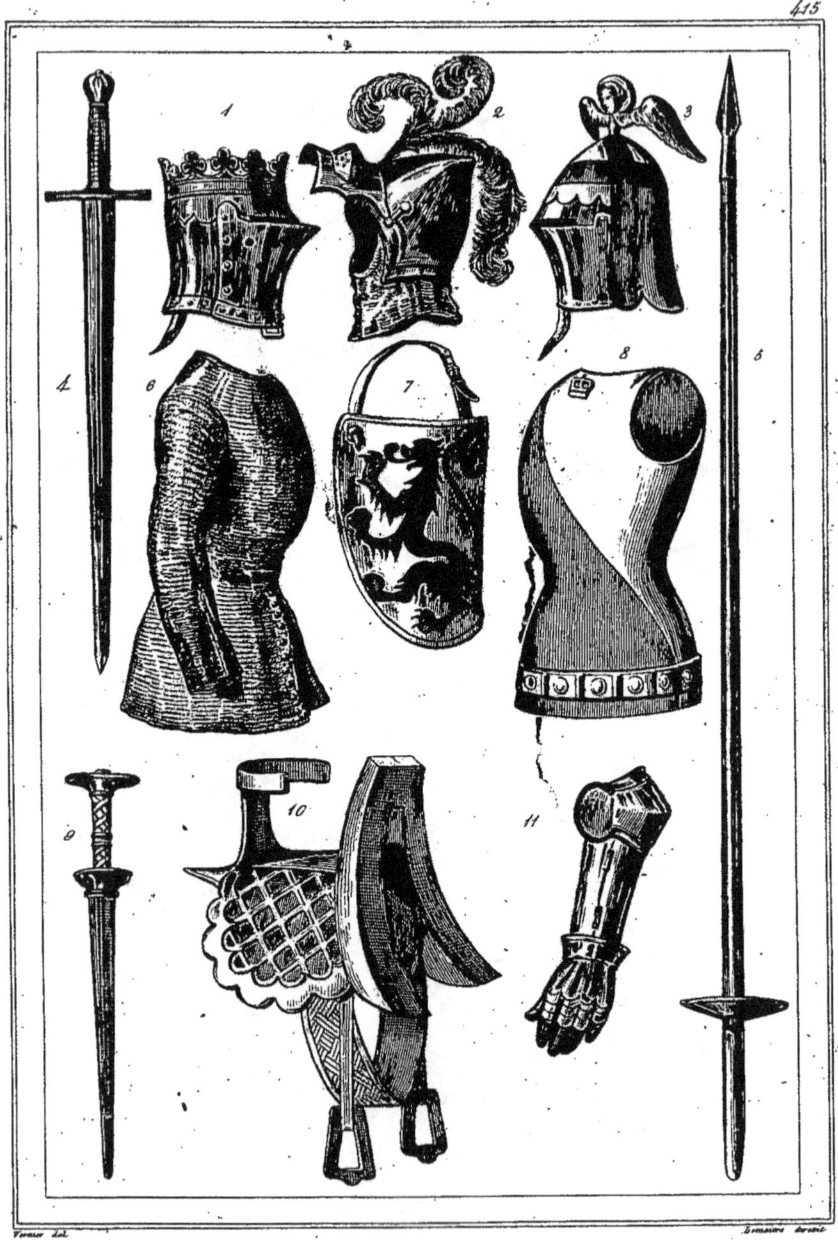

Armes du XIVe Siècle.

Vernier del. Lemaitre direxit

Chevaliers Combattant. (Lancelot du Lac M.S.)

www.ingramcontent.com/pod-product-compliance
Lightning Source LLC
LaVergne TN
LVHW050528100826
845148LV00002B/474

* 9 7 8 2 0 1 2 5 8 4 4 7 1 *